Hindi translation of the path-breaking book -
Success Sutras for the 21st Century: A Trilogy of Wisdom

सफलता की त्रिवेणी

भावानुवादः मंजरी चतुर्वेदी, अरविंद भारद्वाज

विज़्डम गुरु पवन चौधरी

'वेन यू आर सिकिंग बिकम अ सबमरीन'
के विश्व-विख्यात लेखक

Hindi translation of the path-breaking book -
Success Sutras for the 21st Century: A Trilogy of Wisdom

सफलता की त्रिवेणी

चाणक्य
का राजनैतिक ज्ञान

कन्फ्यूशियस
का सामाजिक ज्ञान

कबीर
का आध्यात्मिक ज्ञान

विज़्डम गुरु पवन चौधरी
'वेन यू आर सिंकिंग बिकम अ सबमरीन'
के विश्व-विख्यात लेखक

A WVPD PRESENTATION
Books from Wisdom Village (Publications Division) envision to enhance and enrich its readers with life changing experiences from the mind, body and soul genres. They strive towards holistic development.

Translators Manjari Chaturvedi, Arvind Bhardwaj
Editorial Coordinator Charushilla Narula

First published 2009

This is the Hindi translation and compilation of all the three books in the *Success Sutras for the 21st Century: A Trilogy of Wisdom* by Pavan Choudary.

ISBN 978-81-906555-6-9

Published by:

Wisdom Village (Publications Division)
Knowledge is information. Wisdom is transformation.

WVPD is a part of Wisdom Village
164, Aravali Apartments, Alaknanda,
New Delhi - 110019
Email: wisdomvillageindia@gmail.com, wvpdindia@gmail.com
Website: www.wvpd.in
Contact: +91-9810800469
+91-9811514287

Printed by: J.K. Offset & Packaging, DDA Shed, Okhla-I, New Delhi-110020

विषय

विज़्डम गुरु पवन चौधरी : एक परिचय

विज़्डम गुरु पवन चौधरी सफलता संबंधी प्रशिक्षण, राजनैतिक चिंतन, और व्यवहारिक आध्यात्मिकता के क्षेत्र में आज एक वैश्विक प्रतिमान बन चुके हैं। अपने गहन व व्यापक ज्ञान के चलते आज उनकी गिनती विश्व के अग्रणी विचारकों और चिंतकों में होती है। देश-विदेश के तमाम खिलाड़ियों, फिल्मी सितारों, विभिन्न कपंनियों के सीईओज व राजनीतिज्ञों की सफलता में उनके विचारों और सूझबूझ का खासा योगदान रहा है। उनके पथ प्रदर्शक विचारों के चलते सामाजिक सुधारों की एक नई शुरुआत हुई है, जो धीरे-धीरे पूरे देश में फैल रहे हैं।

उनकी अंतरराष्ट्रीय ख्यातिप्राप्त किताब 'वेन यू आर सिंकिग, बिकम ब सबमरीन' सत्ता और सफलता का नया दर्शन सामने लाती है। यह किताब भारतीय सीमाओं को लांघ अब विश्व नेतृत्व के लिए संदर्भ पुस्तिका का रूप ले चुकी है। इस किताब का हिंदी अनुवाद - 'ऐसा पाल तानें कि आंधी उर्जा बने' पाठकों के सामने आ चुका है, जबकि अन्य भाषाओं का अनुदित रूप भी जल्दी ही आने वाला है।

राष्ट्र निर्माण के पथ पर एक नेतृत्व के रूप में धीरे-धीरे अग्रसरित हुए पवन चौधरी को आज एक ऐसे बेहतरीन राजनैतिक चिंतक व प्रबंधन वक्ता के तौर पर देखा जाता है, जो प्रशासन, सामाजिक सुधारों और नेतृत्व के सभी पहलुओं पर अपनी व्यवहारिक राय रखतें हैं। पंडित न हो कर एक सफल कर्मयोगी बने पवन चौधरी स्वास्थ्य की देखभाल से जुड़ी एक अग्रणी फ्रांसीसी बहुराष्ट्रीय कंपनी, वायगॉन के सीईओ व प्रबंध निर्देशक हैं।

उनके अतुलनीय व्यक्तित्व व खूबियों और राजनीति, समाज व अध्यात्म के क्षेत्र में उनके शोधपरक कार्यों को देखते हुए ही विज़्डम विलेज पब्लिकेशन डिविजन ने उनसे गुजारिश करना बेहतर समझा कि वह ज्ञान की इस मौलिक त्रिवेणी को सामने लाएं, जिसमें चाणक्य के राजनैतिक ज्ञान, कन्फूशियस के सामाजिक ज्ञान व कबीर के आध्यात्मिक ज्ञान पर लीक से हटकर, नए ढंग से व्याख्या की गई है।

पवन के बारे में और अधिक विस्तृत जानकारी व अन्य पुस्तकों के ऑर्डर कें लिए देखें www.starcoach.co.in

प्रकाशक की कलम से

विज्डम विलेज पब्लिकेशन डिविजन सहर्श प्रस्तुत करता है विज़्डम गुरु पवन चौधरी द्वारा लिखित Success Sutras for the 21st Century का हिन्दी अनुवाद - **'सफलता की त्रिवेणी'**। यह चाणक्य के राजनैतिक ज्ञान, कन्फ्यूशियस के सामाजिक ज्ञान व कबीर के आध्यात्मिक ज्ञान की एक ऐसी अनूठी व मौलिक व्याख्या है, जो आज से पहले कभी प्रस्तुत नहीं की गई थी। दरअसल, यह आज के दौर में भी उन महान गुरुओं के ज्ञान की प्रासंगिकता को दर्शाने की एक कोशिश है।

यह ग्रंथनुमा त्रिवेणी पाठक के लिए एक ऐसी गाइड व मार्गदर्शिका है, जिसके जरिए वह राजनैतिक प्रखरता, सामाजिक व्यवस्था व आध्यात्मिक आनंद प्राप्त कर सकता है।

चाणक्य एवं विज़्डम गुरु

विज़्डम गुरु पवन चौधरी एक देश प्रेमी हैं। वह अपने देश व देशवासियों से भावात्मक रुप से जुड़े हुऐ हैं। उन्हें लगता है कि देश अमीर और मजबूत होना चाहिए, क्योंकि अगर देश धनवान और कमजोर होगा तो लुटेरे आ जाएंगे। उनका मानना है कि हर भारतीय का अपनी मातृभूमि से सक्रिय सरोकार होना चाहिए। चार्ल्स डी गॉल की तरह वह भी मानते हैं कि राजीनीति एक महत्वपूर्ण कार्य है और इस क्षेत्र को राजनीतिज्ञों के लिए ही नहीं छोड़ देना चाहिए।

हमारा विश्वास है कि, भारतीय मैक्एिवली समझे जाने वाले चाणक्य का काम हिंदुस्तान सहित पश्चिमी दुनिया के सामने लाने का यह सर्वश्रेष्ठ समय है। हालांकि चाणक्य पर अभी तक कई अुनवाद मौजूद हैं, बावजूद इसके हम पाते हैं कि दुनियाभर में राजनीति व राजकीय कौशल में सर्वश्रेष्ठ व योजनाओं और कूटनीति में अत्यंत माहिर होने के बाद भी अब तक चाणक्य पर कोई राजनैतिक कमेंटरी या व्याख्या नहीं हुई है। इसलिए विज़्डम विलेज पब्लिकेशन डिविजन ने तय किया कि वह मौजूदा दौर के अग्रणी राजनैतिक विश्लेशक, 'नए युग के चाणक्य'-विज़्डम गुरु पवन चौधरी से गुजारिश करें कि वह चाणक्य पर एक ऐसी सच्ची राजनैतिक व्याख्या और विश्लेशण पेश करें, जो नेताओं के साथ-साथ आम आदमियों के दिलो-दिमाग को भी झकझोर सके।

चाणक्य का राजनैतिक ज्ञान मौजूदा दौर में भी प्रासंगिक है, क्योंकि आज के भारत के हालात भी कुछ वैसे ही हैं जैसे चाणक्य के दौर में थे। तब देश सिर्फ बाहरी हमलों से ही नहीं, बल्कि चरमपंथ, आक्रमिक पड़ोसी और व्यापार में प्रतिद्वंद्विता व अपने मुद्‌दों जैसी समस्याओं से गुजर रहा था। इसके साथ ही भारत ढोंग, दिखावे, गुटबाजी, दयनीय शासनतंत्र, बदहाल

नागरिक मानदंडों व खस्ताहाल आधारभूत ढांचों से भी जूझ रहा था। आज से लगभग 2500 साल पहले के उस दौर में चाणक्य ने जो भी कहा, वह आज फिर प्रासंगिक बन गया है। चाणक्य के विचार आम जनता के लिए भी उतने ही उचित और मान्य हैं, जितने किसी राजा के लिए।

आइए, इस यात्रा की शुरुआत करते हैं, एक ऐसे महाविचारक - चाणक्य को समझने के साथ, जिसने भारतीय उपमहाद्वीप का नक्शा ही बदल दिया।

पाठकों को मेरी सलाह है कि पहले आप इस त्रिवेणी को पढ़िए, इससे तादात्म बिठाइए और फिर इसे और समझने व इसमें गहरा उतरने के लिए इन विचारों को सुनिए, ताकि इस गुरु के विचार आपकी चेतनाओं पर अंकित और प्रतिबिंबित हों जाएं। अपने सारे पूर्वाग्रहों को तेज कर, सारे बने बनाए विश्वासों व विचारों को छोड़ कर तैयार हो जाइए नया सीखने के लिए... नया पाने के लिए... आत्मसात करने के लिए... तैयार रहें खुद को बदलने के लिए... अपने रूपांतरण कि लिए।

कन्फ्यूशियस एवं विज़्डम गुरु

कन्फ्यूशियस की कृतियों में सबसे अधिक जिज्ञासा पैदा करने वाले स्रोतों में से एक है उनके सूक्ति संग्रह। विज़्डम गुरु पवन चौधरी शंघाई केंद्रित एशियन क्रिएटिविटी एसोशियेशन के मनोनीत उपाध्यक्ष हैं। उन्होंने समाजवैज्ञानिक बौद्धिकता तथा उसके विकास का गहन अध्ययन किया है। इस पुस्तक में वे कन्फ्यूशियस की सूक्तियों को एक नए एवं समकालीन सामाजिक स्वरूप में प्रस्तुत करते हैं।

इसके अतिरिक्त विभिन्न समाजों, सामाजिक इकाइयों और उनकी गत्यात्मकता अथवा परिवर्तनात्मकता की गहन समझ के कारण विज़्डम गुरु कन्फ्यूशियस के ज्ञान की न केवल सटीक व्याख्या कर पाए हैं अपितु उसको एक आधुनिक परिपेक्ष्य में भी प्रस्तुत कर पाए हें।

कन्फ्यूशियस मात्र विचार से कर्म पर अधिक बल देते थे और इसी सिद्धांत को मानते हुए विज़्डम गुरु पवन चौधरी ने प्रस्तुत व्याख्या में स्थायी सामाजिक समृद्धि और सामंजस्य का आधार प्रस्तुत किया है।

कबीर एवं विज़्डम गुरु

पवन चौधरी मानते हैं कि मनुष्य की इच्छाओं और अध्यात्म का समन्वय हो सकता है। पर भारत में कुछ ऐसा माहौल रहा है कि बहुत सी शक्ति का अपव्यय ऐसे व्यर्थ के चमत्कारों और अंधविश्वासों में कर दिया गया है जिनके कारण हम एक पंगु और नपुंसक राष्ट्र होकर रह गए

हैं। धर्म का बड़ा गलत प्रचार हुआ है और उसका प्रयोग किया गया है लोगों को भड़काने और उकसाने के लिए। इसका लाभ उठाया है कुछ स्वार्थी लोगों (राजनेताओं एवं गुरुओं) ने जो कि गुप्त उद्देश्यों से प्रेरित थे तथा इससे हानि हुई बाकियों को जो कि मूर्ख बनाए गए और मात्र बुद्धिहीन अनुयायी सिद्ध हुए। ऐसी स्थिति में विज़्डम गुरु बताना चाहते हैं कि यह बहुत ही जरूरी है कि कबीर के आत्म-ज्ञान को अपनाया जाए।

पवन चौधरी के शब्दों में कबीर ने अपने दोहों के द्वारा एक ऐसी कुंजि प्रदान की है जिसकी सहायता से एक अच्छा ज्ञानमय जीवन व्यतीत किया जा सकता है, आध्यात्मिकता प्राप्त की जा सकती है, भौतिक सुख प्राप्त किया जा सकता है तथा जीवन के हर क्षण को अधिक अर्थपूर्ण तथा संतोषजनक बनाया जा सकता है। कबीर ने सदियों पहले जो दोहे लिखे थे वे आज के संदर्भ में भी उतने ही प्रासंगिक हैं। विज़्डम गुरु ने इस पुस्तक में बताया है कि उनके दोहे किस प्रकार मूलभूत सत्यों को समेटे हुए हैं। इन्हीं मूलभूत सत्यों का जानना मोक्ष या बोध प्राप्ति की कुंजि है। आपका स्वागत है इस पुस्तक रूपी यात्रा में जिसमें कि आध्यात्मिकता की सच्ची समझ के द्वारा सफलता के सूत्र प्राप्त होते हैं।

चारूशीला नरुला
मुख्य संपादक

चाणक्य

का राजनैतिक ज्ञान

भावानुवादः मंजरी चतुर्वेदी

भूमिका

अगर हम चाणक्य के व्यक्तित्व की दो खूबियों को अच्छी तरह समझ लें तो हमें उनके महान विचारों को समझने में आसानी होगी। पहली खूबी, चाणक्य अपनी मातृभूमि से बड़ी शिद्दत से प्रेम करते थे। उन्हें किसी भी कीमत पर अपनी मातृभूमि की पराधीनता स्वीकार्य नहीं थी। जब उन्हें पता चला कि यूनानी सेना मगध की ओर बढ़ रही है तो उन्होंने कई रातें आंखों ही आंखों में काट दीं। इतना ही नहीं, उन्होंने इस उम्मीद में तक्षशिला विश्वविद्यालय के अपने प्राध्यापक का पद भी छोड़ दिया, ताकि वह मगध जाकर नंद शासकों को यह सलाह दे सकें कि किस तरह विदेशी आक्रमणकारियों को अपने यहां आने से रोका जाए और अपनी स्वतंत्रता को बरकरार रखा जाए। वह अकसर यह देखकर बुरी तरह हताश हो जाते कि आम जनता पर राज करने वाले शासक कितनी नासमझी भरा व्यवहार कर रहे हैं।

दूसरा, चाणक्य भारतीय समाज के छद्म और दिखावे की कड़ी आलोचना करते थे, क्योंकि वह जानते थे कि भारतीयों के दिखावे की भावना दुनिया की नजरों में उन्हें कमजोर और अविश्वसनीय बनाती है। चाणक्य इतना साहस रखते थे कि इस बारे में दो टूक बोल सकें। वह चाशनी से लिपटी चिकनी चुपड़ी बाते नहीं करते, बल्कि वह खुरदुरे रेगमाल की तरह हैं।

चाणक्य राजनैतिक चेतना का शीर्ष बिंदु व राजनैतिक विचारधारा के सर्वोच्च शिखर हैं। लेकिन वह सिर्फ विचारक ही नहीं, बल्कि कर्मठ कर्ता भी हैं। कार्ल मार्क्स ने कहा है कि दार्शनिक सिर्फ दुनिया की व्याख्या करते हैं, लेकिन असली चीज है कि इसे बदला जाए। हर्बट स्पेंसर का कहना है कि शिक्षा का असली मकसद ज्ञान पाना नहीं, बल्कि कर्म करना है। चाणक्य भी कर्म करने में विश्वास करते थे। चाणक्य ने आपसी झगड़ों में लगे तमाम बिखरे हुए राज्यों को एकत्र कर एक ही छत्र के नीचे लाने का प्रयास किया। भारत के संपूर्ण इतिहास में उन्होंने पहली बार एक मजबूत व स्वाभिमानी राष्ट्र भारत का निर्माण किया। उन्होंने एक ऐसा राष्ट्र तैयार किया, जिसे अपनी **मौजूदा शक्ति और संभावनाओं** पर नाज था, एक ऐसा भारत सिकंदर की कभी न हारने वाली सेना पर भी सफलतापूर्वक काबू पाने के लिए तैयार था।

मैक्याविली की तरह निष्ठुर होने के बावजूद चाणक्य में कहीं न कहीं नैतिकता का एक सूत्र दिखाई देता है। यही नैतिकता उनके व्यक्तित्व का दूसरा, सबसे महत्वपूर्ण पहलू है। चाणक्य भले ही छल-कपट और चालाकी के हिमायती हों, लेकिन वह लगातार मानते हैं कि असली व स्थाई ताकत सिद्धांतों और मूल्यों से ही मिलती है। एक जगह वह कहते हैं कि "कर्जा ऐसे उतारो कि एक पाई भी बाकी न रहे और दुश्मन का खात्मा ऐसे करो कि

उसका नामों-निशान तक मिटा डालो।" इस कथन के पहले भाग में आपको चाणक्य की नैतिकता का दर्शन होता है, जबकि दूसरे भाग में उनकी निष्ठुरता सामने आती है। दरअसल, चाणक्य में जबरदस्त पॉजिटिविटी है। वह इस हद तक सकारात्मक हैं कि उसमें उनकी नकारात्मकता भी पच जाती है। यह सकारात्मकता चाणक्य के चरित्र की एक और खूबी है।

चाणक्य का राजनैतिक ज्ञान

१
एक उद्दंड सेवक अपने स्वामी का मस्तिष्क जब–तब अशांत करता रहता है।

इस सूत्रवाक्य में सेवक का मतलब है कनिष्ठ, यानी आपके आधीन काम करने वाले लोग और स्वामी का मतलब है वरिष्ठ यानी आपसे ऊपर के लोग। चाणक्य अनुशासन के परम उपासक थे। वह हर स्तर पर पूरी तरह से आज्ञा पालन के पक्षधर थे। नीत्शे की तरह चाणक्य भी मनुष्य की समानता में विश्वास नहीं करते थे। नीत्शे की तरह उन्हें भी लगता कि असमानता से भरी मनुष्य जाति पर अगर समानता का विचार थोपा जाएगा तो इससे बड़ी और कोई बेवकूफी नहीं होगी। मानवता के पूरे इतिहास में बहुत ही कम लोग हुए हैं, जिन्होंने समानता के खिलाफ कुछ बोला हो। यहां सवाल उठता है कि आखिर क्यों? इसलिए, क्योंकि समानता की दलील मानवता की दलील पर टिकी है और जब आप समानता के खिलाफ बोलते हैं तो आप अमानवी नजर आने लगते हैं। लेकिन चाणक्य तो दुनिया से अलग ही सोचते थे। वह दुनिया की रीत पर चलने की बजाए सच के साथ जाना पसंद करते थे। इसलिए उनका मानना था कि किसी भी संस्थान को चलाने के लिए एक आधिकारिक सत्ता या शक्ति होती है, जो उसके वजूद के लिए अत्यंत आवश्यक होती है। जिस तरह से बिना निर्णायक के कोई खेल नहीं खेला जा सकता, किसी भी खेल के संपन्न होने के लिए एक निर्णायक का होना जरूरी है, उसी तरह चाणक्य को लगता था कि किसी भी संस्थान को चलाने के लिए एक आधिकारिक सत्ता की आवश्यकता होती है।

यहां मुझे हॉलिवुड की एक चर्चित फिल्म 'द गॉडफादर' का एक किस्सा याद आ रहा है। 'द गॉडफादर' में कॉरलियन परिवार की अपने प्रतिद्वंद्वी परिवार के साथ एक मीटिंग होने की बात दिखाई जाती है, जिसमें प्रतिद्वंद्वी परिवार कॉरलियन परिवार को नशे के धंधे से होने वाले फायदे गिनाते हुए इस धंधे में आने की सलाह देने की योजना बनाता है। इस मीटिंग में कॉरलियान परिवार की ओर से परिवार का मुखिया डॉन कॉरलियन अपने बेटों सनी और माइकल के साथ शामिल होने वाला है। कॉरलियन परिवार के सदस्य आपस में तय करते हैं कि वे इस प्रस्ताव को अस्वीकार कर देंगे, क्योंकि वे लोग नशे का धंधा करने के इच्छुक नहीं हैं। लेकिन, जब मीटिंग के दौरान कॉरलियन परिवार के सामने प्रतिद्वंद्वी परिवार द्वारा यह प्रस्ताव रखा जाता है तो सनी कॉरलियान दर्शकों को यह बताने के लोभ से नहीं बच पाता कि वह इस डील के पक्ष में है। 'गॉडफादर' से मतभेद रखने के बावजूद वह अपने पक्ष में दबाव नहीं बना पाता। हालांकि दूसरा परिवार यह समझने में कामयाब हो जाता है कि कॉरलियन परिवार में न

सिर्फ आपसी मतभेद है, बल्कि एक दरार भी है। इसकी जानकारी होने के बाद प्रतिद्वंद्वी परिवार कॉरलियन परिवार पर हमला कर उन्हें एक खूनी खेल खेलने पर मजबूर कर देता है, जिसमें कॉरलियन परिवार के कुछ अपनों की बलि चढ़ जाती है और सनी की भी।

एक उद्दंड सेवक न सिर्फ अपने मालिक के मस्तिष्क को जब-तब उद्वेलित करता है, बल्कि कैसे उसकी सारी योजनाओं को कमजोर करता है, उसका एक उदाहरण आपने इस प्रकरण में पढ़ा। साथ ही, अपने मुखिया के दिमाग को अशांत कर वह उसे शांतिपूर्वक ढंग से काम करने से भी रोकता है। दरअसल, इस तरह वह मालिक को अपना सर्वश्रेष्ठ प्रदर्शन करने से रोकता है। ऐसे सेवक खुद अपना ही नुकसान करते हैं, क्योंकि मालिक नहीं चाहता कि जब वह किसी सार्वजनिक सभा में या महत्वपूर्ण लोगों से मिलने जाए तो ऐसे सेवकों को अपने साथ रखे। इस तरह ये सेवक खुद को मिलने वाले सामाजिक विचार विनिमय के मौकों से वंचित कर लेते हैं। इतना ही नहीं, कई बार ऐसे कनिष्ठ बेहतरीन सुअवसरों से भी हाथ धो बैठते हैं। यहां तक कि अकसर उनको पता ही नहीं चल पाता कि उनके लिए अवसरों के द्वार खुले थे, लेकिन मालिकों द्वारा चुने न जाने के कारण वे उनसे हाथ धो बैठे। दरअसल, मालिकों के इस फैसले के पीछे कहीं न कहीं यह भावना छिपी होती है कि ऐसे जूनियर या तो उनकी आधिकारिकता को हल्के में लेंगे या फिर अपने कृत्यों से उनके लिए काम करना मुश्किल बना देंगे।

२

यहां तक कि एक पुजारी को भी अपने अनुयायियों को प्रेरित करने के लिए किसी दबदबे या प्रभाव की जरूरत होती है।

चाणक्य के अनुसार, यहां पुजारी का आशय एक ऐसे गुणी व्यक्ति से है, जो दयालु, ईमानदार, प्रतिबद्ध, भला और सबसे प्रेम करने वाला इंसान हो। अगर आप एक ऐसे व्यक्ति की तरह जीना चाहते हैं तो आपकी जिंदगी एक संत की तरह हो जाएगी। साथ ही, चाणक्य यह भी कहते हैं कि अगर आप एक संत की तरह जीना चाहते हैं तो आपके पास हथियार होना चाहिए। आखिर हथियार से उनका क्या मतलब है? यहां हथियार से मतलब है कि आपके पास या तो अपने सिद्धांतों के लिए लड़ने की क्षमता होनी चाहिए या अपने संपर्कों का महातंत्र होना चाहिए या फिर आप में दूसरे लोगों के कुकर्मों का पर्दाफाश करने की कूवत होनी चाहिए। इससे आपका रौब गालिब होगा, आपका दबदबा बनेगा।

चाणक्य अपने विद्यार्थियों से कहते हैं कि गुणी से गुणी व्यक्ति को भी अपने अनुयायियों को निर्देशित करने के लिए किसी न किसी शक्ति या दबदबे की जरूरत होती है। एक पश्चिमी लेखक ने कहा है, 'गुणी व्यक्ति में थोड़ा बहुत क्रोध होना चाहिए। यहां तक कि अपने जीवन में

शांति बनाये रखने के लिए सीधे सादे कुत्ते को भी कभी- कभी गुर्राना पड़ता है।' कुछ ऐसे ही विचार चाणक्य ने अपने लेखन में 2500 साल पहले व्यक्त किए थे।

३

जिस व्यक्ति का गुस्सा सामने वाले पर दबदबा ना बना सके और जिसकी खुशियां किसी को प्रतिदान न दे सकें, वह प्रभावहीन है अथार्त किसी काम का नहीं।

यहां चाणक्य बताते हैं कि कैसे सत्ता का संबंध सजा और पुरस्कार से होता है। वह शासक को यह बताने का प्रयास कर रहे हैं कि अगर किसी से क्रोधित होने पर आप उस पर किसी तरह की रोक नहीं लगाते या उसे दंडित नहीं करते और किसी से बहुत खुश होने पर आप उसे इसका प्रतिदान या पुरस्कार नहीं देते तो आप असरहीन हो जाएंगे। भारत-चीन युद्ध के बाद चीन ने हमारी हजारों किलोमीटर की जमीन पर अतिक्रमण कर लिया। इस अवैध कब्जे के बाद हमारे तत्कालीन प्रधानमंत्री पंडित नेहरू ने कहा था कि हम इस अतिक्रमण के लिए चीन को क्षमा करते हैं। अगले ही दिन राष्ट्रकवि श्री रामधारी सिंह दिनकर ने अपनी व्यथा कुछ इन शब्दों में सामने रखी -

"क्षमा शोभति उस भुजंग को, जिसके पास गरल हो,
वो क्षमा क्या करे, जो दंतहीन, विषहीन और सरल हो।"

वह अपने देश के नेतृत्व को यह बताने की कोशिश कर रहे थे कि जब आप शक्तिशाली हों, तभी आप दूसरों को क्षमा करने योग्य हैं। जिस सर्प के पास जहर हो, काटने के लिए दांत हों और डसने की ताकत हो, फिर भी वह क्षमा कर दे तो निं:संदेह वह सुशोभित होगा। लेकिन कोई विषहीन और बेबस सांप अगर किसी को माफ करने का दावा करे तो इससे बड़ा दिखावा और कुछ नहीं होगा। दरअसल, तब इस क्षमा का कोई मतलब ही नहीं होगा।

अपने इस श्लोक के माध्यम से चाणक्य यह बताना चाहते हैं कि आपके क्रोध और इससे उलट आपकी माफी की तभी अहमियत होती है, जब आपके पास ताकत हो। अगर आपके पास ताकत नहीं है और फिर भी आप क्रोधित होते हैं या तेवर दिखाते हैं तो यह दिलेरी आपको मैदान छोड़ने पर भी मजबूर कर सकती है। इसी तरह आपके पास ताकत नहीं है, आप शक्तिहीन हैं, फिर भी आप अपने से ताकतवर को माफ करने का दावा करते हैं तो दुनिया आप पर हंसेगी। दूसरे शब्दों में कहें तो शक्तिहीन व्यक्ति का क्रोध उसकी पराजय का कारण और क्षमाशीलता का दावा उसके उपहास की वजह बन सकता है।

४
बुद्धिमान लोग दिक्कतों से तभी तक घबराते हैं, जब उन्हें दूर से इनकी झलक मिलती है, लेकिन जब दिक्कतें उनके सिर आ पड़ती हैं तो वह डटकर इनका मुकाबला करते हैं।

यहां चाणक्य सतर्कता और साहस दोनों की बात करते हैं। जब चाणक्य यह कहते हैं कि अक्लमंद लोग दिक्कतों से तभी तक घबराते हैं, जब उन्हें दूर से ही इनकी झलक मिलती है तो इसका आशय है कि अक्लमंद लोग मुसीबतों से बचने की कोशिश करते हैं यानी वे इस तरह से काम करते है कि उनके लिए मुसीबतें खड़ी ही ना हो, ताकि उनके दुश्मन ही न बनें। वे दूसरों के प्रति ऐसा कोई आक्रामक रुख नहीं अपनाते, जिससे दूसरों को भी उन पर हमला करने का मौका मिले। अक्लमंद लोग अपना काम इस तरीके से करते हैं, ताकि वे विवादों और मुसीबतों से पूरी तरह दूर रहें। यहां चाणक्य सावधानी और सतर्कता की वकालत करते नजर आते हैं, लेकिन अपने सूत्र के अगले ही हिस्से में वह कहते हैं कि जब मुसीबतें उनके सिर पर आ पड़ती हैं तो वे सामने आकर डट कर उनका मुकाबला करते हैं। यहां चाणक्य जोर देते हुए कहते हैं कि जब मुसीबतें आपके दरवाजे पर दस्तक दे ही दें और जब कोई युक्ति काम न आए और ना ही कोई बचाव का रास्ता दिखाई दे तो ऐसे में आप बेखौफ होकर उनका सामना कीजिए। चाणक्य साहस की प्रतिमूर्ति हैं।

चाणक्य पैसों के मामले में भी इसी साहस और सतर्कता को बरतने की सलाह देते हैं। उनका कहना है कि पैसों के लेन-देन के मामले में इंसान को सौदे की शर्तें एकदम साफ कर लेनी चाहिए। तभी यह सौदा साफ-सुथरा रहता है, जिसमें दूसरे पक्ष को चालबाजी चलने का कोई मौका नहीं मिलता। इस सूत्र के माध्यम से चाणक्य हिंदुस्तानियों की सीधी व स्पष्ट बात न करने की आदत की तरफ इशारा कर रहे हैं। वह सलाह देते हैं कि पैसे के मामले में शरमाने या झिझकने की बजाए साफ और दो टूक बात करनी चाहिए। चाणक्य धन का महत्व अच्छी तरह से समझते हैं। साथ ही, वह हिंदुस्तानियों के छद्म व भ्रम को भी अच्छी तरह पहचानते हैं कि किस तरह हर महत्वपूर्ण सौदे या मौके पर हम सामने वाले से यह कहने से नहीं चूकते- 'जो भी मेरा है, वह सब आप ही का तो है।' चाणक्य यह साफ तौर पर कहते हैं कि जो मेरा है, वह मेरा है और जो तुम्हारा है, वह तुम्हारा है। चाणक्य सौदेबाजी या लेन-देन के दौरान पूर्व द्वारा अपनाए जाने वाले अति शालीन दार्शनिक नजरिए के सख्त खिलाफ हैं। वह मानते हैं कि पैसे से जुड़े मामलों में साफ और दो टूक बात करनी चाहिए, तभी सौदा या लेन-देन सहजता से चलता है, जिसमें सामनेवाले को चालबाजी करने का मौका नहीं मिलता।

साथ ही, चाणक्य ने कहीं यह भी कहा है- हर व्यक्ति को अपनी जिंदगी के खाते में कुछ न कुछ

उपलब्धि जरूर दर्ज करनी चाहिए। चाहे यह उपलब्धि ज्ञान से जुड़ी हो या धन से या फिर सफलता हासिल करने से अथवा अपने परिवार को खुशियां उपलब्ध कराने से। अगर ऐसा नहीं है तो समझो जीवन व्यर्थ है। यहां चाणक्य जीवन के कुछ उद्देश्यों में से एक उद्देश्य-उपलब्धि की बात करते हैं। यह शायद जीवन का सबसे बड़ा उद्देश्य है। उनका मानना है कि हर इंसान को अपनी जिंदगी की बही में कुछ न कुछ उपलब्धि का खाता जरूर खोलना चाहिए। अगर वह इस धरती पर आया तो उसने क्या दिया? इंसान या तो ज्ञानवान बने। चाणक्य ज्ञान पाने यानी सीखने को बहुत महत्व देते हैं। वह कहते हैं कि या तो तुम परम ज्ञानी या विचारक बनो, जो ज्ञान की परिधि और सीमाओं को अनंत विस्तार दे। या फिर तुम धनी बनो - एक सफल इंसान बनो, जिसकी जिंदगी सफलता के आकाश चूमे या फिर तुम अपने परिवार के बेहतर भरण-पोषण करने वाले बनो, जो उन्हें जीवन की तमाम खुशियां उपलब्ध कराए। और अगर तुम ऐसा कुछ भी नहीं कर पाते तो समझो जीवन व्यर्थ है, बेकार है।

सवाल है कि उन्होंने आखिर ऐसा क्यों कहा?

पहली बात तो यह कि अगर आपने अपने जीवन के बेहतरीन समय में कोई उपलब्धि हासिल नहीं की तो जीवन की संध्या में आपको लगेगा कि आपके जीवन का कोई मतलब ही नहीं है, जीवन का कोई महत्व नहीं है। ऐसे लोगों को अकसर अपने जीवन की संध्या में आकर पछतावा होता है, जिन्होंने अपने जीवन में ज्ञान, धन, सफलता या पारिवारिक सुख जैसी कोई भी चीज हासिल नहीं की। अगर आपने अपने जीवन में अपने परिवार की बेहतर देखभाल नहीं की तो बुढ़ापे में जाकर आप उन पर बोझ बन जाते हैं। दरअसल, आपके बच्चों को लगता है कि उनके अभिभावकों ने (खासकर उनके पिता ने) उनके लिए कुछ खास नहीं किया और अब वह उन पर बोझ बन गए हैं। अकसर ऐसा देखा जाता है कि अगर आपने अपने परिवार के लिए कुछ खास नहीं किया तो ऐसे में अपने लिए भी कुछ खास नहीं कर पाए होंगे। और तब आप उन पर निर्भर हो जाते हैं, इससे सभी में एक आक्रोश और पीड़ा का भाव आने लगता है। बच्चों को आप इसलिए बोझ लगने लगते हैं, क्योंकि उन्हें लगता है कि आप उन्हें सामाजिक या आर्थिक रूप से कोई खास हैसियत मुहैया नहीं करा पाए। उन्हें महसूस होता है कि आप उन्हें अपनी सुविधाओं और अपनी मेहनत से हासिल साधनों का संपूर्ण उपभोग नहीं करने दे रहे। साथ ही, उनका समय नष्ट कर रहे हैं। खलील जिब्रान ने भी कुछ इसी अंदाज में अपनी बात सामने रखी है -

पिता जब अपनी धन या संपदा अपने बेटे से बांटता है तो इस देने में दोनों (पिता और पुत्र) को सुख मिलता है, लेकिन बेटा जब अपनी कमाई धन और संपदा अपने पिता के साथ बांटता है तो इस देने में दोनों ही (पिता और पुत्र) दुखी होते हैं।

इस तरह चाणक्य ने जीवन के एक अत्यंत महत्वपूर्ण मुद्दे को बड़ी बारीकी से सामने रखा है। जैसे-जैसे इंसान की उम्र बढ़ती है उसे अपने और अपने परिवारवालों के लिए ऐसा कुछ

सार्थक जरूर करना चाहिए, जिससे उसकी उपयोगिता बनी रहे। उपयोगिता बनी रहने का आशय है कि जीवन की संध्या में आपके पास मित्रों, परिचितों या साधनों का एक ऐसा तंत्र जरूर हो, जिससे आप अपने बच्चों, परिवार या समाज के अन्य लोगों के लिए कुछ न कुछ कर सकें। कुछ नहीं तो आपके पास ज्ञान का ऐसा खजाना होना चाहिए, जिसके चलते युवा पीढ़ी या आपसे छोटे आकर आपकी सलाह मांगें। अगर आपकी उपयोगिता खत्म हो जाती है या घट जाती है तो आप एक असम्मानीय जीवन बिताने पर मजबूर हो जाते हैं। तब तिरस्कारपूर्ण जीवन आपकी विवशता बन जाती है।

एक अन्य स्थान पर चाणक्य ने यह भी कहा है –

हर इंसान को अपने जीवन में ईश्वर का स्मरण,
धर्म की संपदा का अध्ययन और
काम का उपभोग अवश्य करना चाहिए।

अपने इस सूत्र में चाणक्य जीवन के दो अन्य लक्ष्यों की बात करते हैं। पिछले सूत्र में उन्होंने उपलब्धियों की बात की थी। इस सूत्र में वह विकास, उन्नति और आनंद की बात करते हैं। चाणक्य अध्यात्म के कोई बहुत बड़े हिमायती नहीं थे। दरअसल, चाणक्य कहीं न कहीं यह बात अच्छी तरह समझते थे कि जब कोई देश बहुत ज्यादा आध्यात्मिक हो जाता है तो वह गुलामी की तरफ बढ़ने लगता है। और इतिहास ने इसे साबित भी किया है। फिर चाहे वह चीन हो या भारत अथवा मिस्र या फिर पुर्तगाल जैसा विकसित देश, जब भी कोई राष्ट्र बहुत ज्यादा आध्यात्मिकता से घिरा है, वह गुलामी की जंजीरों में जकड़ने को विवश हुआ है। यह सब जानते हुए भी चाणक्य ईश्वर के स्मरण और धर्म की संपदा का अध्ययन करने की बात करते हैं।

आखिर वह इनकी आवश्यकता पर क्यों जोर देते हैं?
इन बातों की वकालत के पीछे उनका मानना है कि विभिन्न धर्मों के बारे में जानने से तुम्हारा दिमाग खुलेगा, साथ ही ईश्वर का स्मरण करने से तुम्हारा क्रोध घटेगा और करुणा बढ़ेगी। इन्हीं सब के चलते वह विभिन्न धर्मों का अध्ययन और ईश्वर के स्मरण की बात पर जोर देते हैं। उनके अनुसार ये चीजें अपने लक्ष्य तक पहुंचने और अपनी उन्नति का साधन या जरिया हैं। लेकिन साथ ही वह इस बात पर जोर देते है कि इंसान को अपने जीवन में काम यानी सेक्स का आनंद लेना चाहिए। उनके इस कथन के पीछे उनका आशय है कि समाज में कम से कम दिखावा या ढोंग हो। भारत ऐसा देश है, जहां एक ओर सार्वजनिक तौर पर तो पति-पत्नी खुले आम एक दूसरे का हाथ तक नहीं पकड़ते, वहीं दूसरी ओर इस समाज ने दुनिया में दूसरी सर्वाधिक जनसंख्या वाले देश के रूप में अपनी पहचान बनाई है। दरअसल, इनके पीछे कहीं न कहीं हमारी सोच यह दिखाने की होती है कि हम सेक्स से परहेज करते हैं या फिर दुनिया को हम यह जतलाना चाहते हैं कि एक दूसरे से जुड़ी अपनी शारीरिक व यौन जरूरतों से हम उपर

उठ चुके हैं। इसलिए सार्वजनिक जीवन में पुरुष अपनी पत्नी से दूर-दूर नजर आता है। यहां तक कि सामाजिक आयोजनों में भी पति पत्नी एक दूसरे के साथ बैठने की बजाए दूर बैठते हैं। *(इस दूर–दूर बैठने का प्रमुख कारण है कि जब हम गुलाम हुए तो विदेशियों ने हमारी औरतों पर नज़र डाली और हमने उन्हें छुपा दिया। एक आज़ाद ख़याल देश (सीता और द्रौपदी के वस्त्र और श्रृंगार देखिए) घूंघट मे छुपने को विवश हो गया)* लेकिन दिन भर रहने वाला यह अंकुश रात होते ही हट जाता है और हमारी भावनाएं निरंकुश हो उठती हैं। चाणक्य इस दिखावे और ढोंग के पूरी तरह खिलाफ हैं, इसीलिए वह कहते हैं कि सेक्स का आनंद लीजिए। चाणक्य तो यहां तक कहते हैं कि जिस व्यक्ति ने जीवन में काम का उपभोग नहीं किया, वह इंसान अपनी माता के दूध का सम्मान नहीं कर पाया। जीवन में सेक्स से परहेज करके वह इंसानी अस्तित्व को ही धोखा दे रहा है। चाणक्य चाहते थे कि दुनिया आध्यात्मिक जगत में रहने की बजाए भौतिक जगत में ज्यादा रहे। याद रहे, चाणक्य पारंपरिक तौर पर की जाने वाली धार्मिकता में विश्वास नहीं करते थे। यहां तक कि उन्होंने दूसरे राज्यों को जीतने के लिए उन्हीं की धार्मिक आस्थाओं और विश्वासों का सहारा लिया। वह युद्ध के दौरान शत्रु समाज में प्रचलित अंधविश्वासों या वहां के राजा के अंधविश्वासी स्वभाव का बखूबी इस्तेमाल किया करते थे। वह अच्छी तरह जानते थे कि कैसे दिशाहीन धर्म और आध्यात्मिकता देश को कमजोर करती हैं। धर्म और अध्यात्म के साथ सेक्स को जोड़ने के भी पीछे उनका मकसद समाज को यह बताना था कि जीवन में सेक्स भी उतना ही महत्वपूर्ण है, जितने ईश्वर और धर्म। अतः हमें इससे परहेज नहीं करना चाहिए। हमें शारीरिक धरातल पर जाकर भी सोचना चाहिए, क्योंकि शरीर ही चीजों को प्रभावित और संचालित करता है और यही वह महत्वपूर्ण कारक है, जिसके चलते एक देश हारता और दूसरा जीतता है। चाणक्य के अनुसार, हर चीज शक्ति या ताकत पर निर्भर करती है। वह शब्दों में यकीन नहीं रखते, वह विजय या जीत में यकीन रखते हैं। वह मुक्ति में विश्वास नहीं रखते, वह विश्वास रखते हैं राष्ट्र की संप्रभुता बनाए रखने में।

५

जिस जगह समृद्ध लोगों (अवसर देने वालों), सैनिकों, विद्वानों या विचारकों, राजा, नदी व चिकित्सकों की कमी हो, वहां इंसान को कभी अपना ठिकाना नहीं बनाना चाहिए।

यहां चाणक्य उन महत्वपूर्ण कारकों की चर्चा कर रहे हैं, जो एक राष्ट्र का निर्माण करते हैं। जिनसे एक मजबूत राष्ट्र तैयार होता है। यहां चाणक्य उन खूबियों का जिक्र कर रहे हैं, जो देश की समृद्धि और उसके लोगों की खुशहाल जिंदगी के लिए जरूरी हैं। सबसे पहली चीज है कि इंसान को कभी अपना घर उस जगह नहीं बनाना चाहिए, जहां समृद्ध लोग न रहते हों,

क्योंकि वहां वाणिज्य और व्यवसाय के पनपने की संभावना नहीं रहती।

आखिर चाणक्य ऐसा क्यों कह रहे हैं?
दरअसल, चाणक्य धन का महत्व अच्छी तरह समझते थे, बल्कि उन्होंने तो यहां तक कहा है कि सिर्फ अमीर ही सही मायने में जीता है। इस बात से उनका क्या आशय है? उनका मानना था कि केवल अमीर आदमी की ही पूछ होती है, उसी का सम्मान होता है, उसी की सुनवाई होती है, वही जीवन के आनंदों का उपभोग कर सकता है और वही अपने प्रियजनों की मदद कर सकता है। इसलिए चाणक्य जीवन में पैसे के महत्व से अच्छी तरह वाकिफ थे। हालांकि वह अच्छी तरह जानते थे कि पैसे से हर चीज नहीं खरीदी जा सकती, लेकिन उन्हें भली-भांति पता था कि जो चीज पैसे से नहीं खरीदी जा सकती, उसका विकल्प जरूर पैसे से खरीदा जा सकता है। उदाहरण के लिए पैसे से प्यार नहीं खरीदा जा सकता, लेकिन इससे लोगों का ध्यान तो आकर्षित किया जा सकता है - आप किसी फाइव स्टार होटल में जाइए, वहां आपको जैसी आवभगत चाहिए, वह आपको मिलेगी। पैसे से आप स्वास्थ्य नहीं खरीद सकते, लेकिन सेहत की बेहतर देखभाल तो हासिल कर ही सकते हैं। पैसे से आप बढ़िया से बढ़िया अस्पताल में जाकर अपना इलाज करवा सकते हैं। धन जरूरी है और चाणक्य इसके महत्व को अच्छी तरह समझते थे। तभी वह साफ तौर पर कहते हैं कि किसी भी जगह को अपना ठिकाना बनाने से पहले यह जांच लेना चाहिए कि वहां व्यवसाय या रोजगार की संभावना है भी या नहीं।

ठिकाना बनाने से पहले जिस दूसरी महत्वपूर्ण चीज पर गौर करने के लिए वह कहते हैं, वह है - सैनिक या रक्षक। सैनिक ही क्यों? क्योंकि चाणक्य जानते थे कि धन को सुरक्षा की जरूरत पड़ती है। चाणक्य समझते थे कि इंसान के पास अगर पैसा आ जाए तो उसके पास इसकी सुरक्षा की काबिलियत और ताकत दोनों होनी चाहिए, वर्ना चोर या डाकुओं का खतरा बना रहता है। वह भली-भांति जानते थे कि जब भी खजाने और खंजर में जंग होगी, जीत हमेशा खंजर की होगी। वह अच्छी तरह समझते थे कि जब भी कोई देश किसी दूसरे देश के साथ बंद कमरे में बैठकर व्यापारिक समझौतों पर आगे बढ़ता है और उनके व्यवसायिक हित परस्पर मेल नहीं खाते तो बंद कमरों में होने वाली तकरारें अकसर युद्ध के मैदानों में बदल जाती हैं। इसका मतलब है कि जब एक ताकतवर देश दूसरे देश के साथ न्याय नहीं कर पाता तो अकसर ताकतवर देश उसे युद्ध के मैदान तक खींच ले जाता है और उसके प्रति आक्रामक हो उठता है। जब एक शक्तिशाली देश दूसरे देश के प्रति ईमानदारी या इंसाफ नहीं दिखा पाता तो वह उस पर हावी होने की कोशिश करता है। इसलिए चाणक्य जवान (सैनिक) की आवश्यकता पर इतना बल देते हैं।

अगर आप दुनिया के मौजूदा परिदृश्य पर नजर डालें तो पाएंगे कि विश्व की सुरक्षा परिषद में

जो पांच देश शामिल हैं, उनमें एक बात सामान्य है। इन सभी देशों के पास अंतर्महाद्वीपीय मारक मिसाइलें हैं। ये मारक मिसाइलें ऐसी मिसाइलें हैं, जो 6000 किलोमीटर से लेकर 12000 किलोमीटर की दूरी तक वार करने की क्षमता रखती हैं।

हाल ही में अमरीकी नेता, श्री हेनरी किसींजर भारत में मौजूद थे। इस दौरान मुझे उनसे मिलने का मौका मिला। मैंने उनसे सवाल किया कि दुनिया भर की दौलत हिंदुस्तान की ओर आ रही है, जबकि हथियार अभी भी पश्चिम में ही हैं। ऐसे में क्या होगा? उनका जवाब था कि इससे तनाव बढ़ेगा। उनका कहना था कि चूंकि ऐसा पहली बार हो रहा है, इसलिए तनाव बढ़ेगा, जिसके लिए आपको अपने धन की सुरक्षा के तमाम पुख्ता इंतजाम करने पड़ेंगे। आखिर किसींजर के इस कथन का आशय क्या था? उनके कथन का सीधा सा मतलब था कि दुनिया में जब इस तरह का असंतुलन होगा, आप लोग धनी और समृद्ध होने लगेंगे, जबकि हथियार सारे पश्चिमी देशों के पास होंगे तो दुनिया के ताकतवर देश सबसे पहले कमजोर देशों की तरफ जाने वाले धन के प्रवाह को रोकने की कोशिश करेंगे। वे ऐसा कैसे कर पाएंगे? विश्व के नियम हमेशा ताकतवर देशों की मदद करते हैं और वो इसलिए, क्योंकि ताकतवर देश ही नियम बनाते हैं। और इसकी शुरुआत वे नियमों में फेर-बदल करके करेंगे। वे वैश्वीकरण के नियमों को या तो बदल देंगे या फिर बदलने का प्रस्ताव रखेंगे, जिससे वे नियम फिर से उनके पक्ष की बात करने लगें या फिर असमान रूप से उनके पक्ष में हो जाएं। तब होगा यह कि हम जैसे कम शक्तिशाली देश इसका विरोध करेंगे और एक तरह यह विरोध अच्छा ही होगा। तब तनाव या घर्षण जैसे कुछ हालात बनेंगे, और याद रखें कि घर्षण से ही चीजों में निखर या चमक आती है। इसलिए तनाव या घर्षण होना अच्छा है। बहरहाल, तब यह महत्वपूर्ण होगा कि हमारी बात सुनी जाएगी या नहीं। या फिर किसकी सुनी जाएगी? अंतिम विश्लेषण में उन्हीं देशों की सुनी जाएगी और उन्हें ही न्याय मिलेगा, जिनके पास अंतर्महाद्वीपीय मारक मिसाइलें होंगी।

ऐसा क्यों?
ऐसा इसलिए, क्योंकि अंतर्महाद्वीपीय मारक मिसाइलें एक निर्णायक अंकुश साबित होंगी।
सामरिक दृष्टि से - चाहे जल, थल या वायु कोई भी सेना हो - हम दुनिया के सबसे ताकतवर देशों का मुकाबला नहीं कर सकते। उनके पास हमसे ज्यादा आग्निक हथियार हैं। अंतर्महाद्वीपीय मारक मिसाइलें एक ऐसा अचूक हथियार हैं, जिसके बल पर हम उन्हें यह चेतावनी दे सकते हैं कि अगर तुमने नापाक इरादे के साथ हमारी तरफ बढ़ने की कोशिश की तो हमारे पास ऐसा हथियार है, जो तुम्हारी आंख निकाल लेगा। मानवीय व्यवहार की इतनी गहरी समझ के आधार पर ही चाणक्य ने इस बात पर जोर दिया है कि किसी भी सामान्य और स्वस्थ राष्ट्र के लिए मजबूत सैन्य ताकत और सुरक्षा तंत्र का होना कितना जरूरी है।

किसी जगह पर घर बनाने से पहले जिस तीसरी महत्वपूर्ण चीज का ध्यान रखने की बात चाणक्य करते हैं, वह है उस जगह विद्वान ब्राह्मणों यानी बुद्धिमान लोगों की उपस्थिति। ज्ञान और विवेक का मतलब है चीजों के असली स्वभाव या चरित्र को पहचानने की क्षमता और फिर उसमें से सच्ची, सही और टिकाऊ बातों को चुनना। विवेक सदियों से अर्जित ज्ञान, बुद्धि-कौशल के विभिन्न रूपों मसलन तर्क, मूल भावना, पूर्वाभास, दिल व आत्मा के बहुआयामी प्रयोग से उपजा है। विवेक आत्म हित और लोक कल्याण के बीच संतुलन स्थापित करता है। असली विवेक का आधार भले ही पिछले अनुभव या इतिहास होता हो, लेकिन उसमें भविष्य के गर्भ में छिपे परिणामों को भांपने और पहचानने की क्षमता भी होती है। ज्ञानी और विवेकी व्यक्ति से चाणक्य का आशय उन अति विकसित संवेदनशील लोगों से था, जो समाज का सही दिशा में मार्गदर्शन कर सकें, जिनमें अपने अतीत से सबक लेने और अपने भविष्य को पहचानने की दूरदृष्टि हो।

किसी जगह पर अच्छा घर बनाने से पहले जिस चौथी महत्वपूर्ण बात की तरफ ध्यान रखने की बात चाणक्य कहते हैं, वह है अच्छा राजा या शासक। एक अच्छा राजा या शासक वह होता है, जो कानून और व्यवस्था बनाए रखे, देश की रक्षा करने में समर्थ हो, जो विवेकशील 'और साहसी हो और जो राज्य की कला और संस्कृति को संजो सके। अपने इस सूत्र में चाणक्य ने राजा का जिक्र इसलिए किया, क्योंकि उन्होंने देखा कि अपने यहां राजाओं के रूप में तमाम ऐसे लोग हुए हैं, जिन्होंने अपने देशों के साथ गद्दारी की है। हालांकि राजाओं की इस गद्दारी के पीछे कभी तो कारण रहा कि वे जानबूझ कर लोगों को धोखा देना चाहते थे, लेकिन ज्यादातर माामलों में राजाओं की नासमझी, अज्ञानता, बेवकूफ़ी, बुद्धिहीनता, मूर्खता और नादानी के चलते गद्दारी हुई। अगर हम अपने राजाओं पर नजर डालें तो पाएंगे कि बहुत से राजा यही भूल गए थे कि किसी भी राजा का सबसे महत्वपूर्ण कर्तव्य अपने देश की रक्षा और अपने देशवासियों को संरक्षण देना होता है।

बाबर जब हिंदुस्तान आया, तो उसके पास सिर्फ आठ हजार सिपाही थे। अपनी इस सीमित सेना के साथ उसने मेवाड़ के राणा सांगा के राज्य के बाहर अपनी छावनी खड़ी की। राणा के पास सैकड़ों हजार सैनिक थे। राणा ने युद्ध शुरू होने से एक दिन पहले अपने ज्योतिषी को बुलवाया और उससे युद्ध के परिणाम के बारे में पूछा। उस पुरोहित ने जवाब दिया कि महाराज युद्ध में आपकी विजय होगी। राणा ने एक संदेश वाहक के जरिए पुरोहित की भविष्यवाणी बाबर तक भिजवा दी। जवाब में बाबर ने राणा को संदेशा भेजा, 'मैं उस ज्योतिषी से खुद मिलना चाहूंगा। क्या आप उसे मेरे पास भिजवा सकते हैं?' राणा ने उस ज्योतिषी को बाबर के खेमे में भेज दिया। बाबर ने भी उस ज्योतिषी से वही सवाल पूछा कि कल के युद्ध में क्या होगा? ज्योतिषी ने जवाब दिया कि युद्ध में आपकी हार होगी। यह सुनते ही बाबर ने अपनी

तलवार निकाली और तुरंत उसका सिर कलम कर दिया और ज्योतिषी के शव की तरफ इशारा करते हुए अपने आठ हजार सिपाहियों से कहा-'जो आदमी अपना भविष्य न जानता हो, वह हमारा भविष्य क्या बताएगा? चलो हम मिल कर दुश्मन का खात्मा कर दें।' और अगले दिन आठ हजार लोगों की सेना ने सैकड़ों हजार की सेना को परास्त कर दिया। बाबर के जीतने का एक और कारण यह भी था कि बाबर यह अच्छी तरह समझ चुका था कि भारतीय मानस शास्त्रों के शाश्वत सत्य और सांसारिक कथन के बीच भेद करना नहीं जानता। गीता में एक शाश्वत नियम का उल्लेख मिलता है कि कभी कभार मौका आने पर अच्छे इंसान को भी उठकर बुरे व्यक्ति को हड़काने या लताड़ने की जरूरत पड़ती है। दूसरे शब्दों में, आपको बुरे लोगों या बुराई का विरोध करना चाहिए और अगर जरूरत पड़े तो उसके खात्मे के लिए भी तैयार रहें। यह एक शाश्वत या सनातन सत्य है। साथ ही, गीता में यह भी कहा गया है कि गाय को देवी की तरह पूजा जाना चाहिए। गीता का यह कथन सांसारिक या समय सापेक्ष रहा होगा। यानी जब गीता लिखी गई होगी तो उस समय की सामाजिक-आर्थिक स्थितियां ऐसी रही होंगी, जिसमें गाय को इतना महत्वपूर्ण स्थान दिया गया हो। हालांकि आज इसकी उपयोगिता खत्म होने से इस कथन का कोई औचित्य नहीं रह गया है। जबकि बाबर यहां आकर अच्छी तरह समझ चुका था कि यहां सांसारिक या अल्पकालिक नियम भी समय बीतने के बावजूद सनातन नियमों की तरह चलते रहते हैं। इसलिए उसने अपनी आक्रमणकारी सेना को गायों के झुंड के साथ रवाना किया। इतना ही नहीं, उसने अपने आक्रमणकारी हाथियों के माथे और सिरों पर बछड़ों को बांध दिया। यह देखते ही सामने खड़ी हिंदु सेना ने अपने धनुष और बाण नीचे झुका दिए। इस तरह मुगल सेना ने युद्ध के मैदान को चारागाह में बदल दिया और जीत के इस तरीके पर सारा विश्व ठहाका मार कर हंसा। ऐसा नहीं था कि हमारे राजा जनता को अपने अंधविश्वास और रूढ़िवादिता को छोड़ने के लिए तैयार नहीं कर सकते थे। लेकिन दिक्कत तो यह थी कि वे लोग खुद भी अंधविश्वास और उल-जलूल की चीजों पर विश्वास करते थे। चाणक्य ने एक श्रेष्ठ और बुद्धिमान राजा का महत्व बताते हुए कहा है कि बुद्धिमान और श्रेष्ठ राजा वही है, जिसमें सूझबूझ के साथ-साथ चीजों को पहचानने की भी क्षमता हो।

बेहतर घर बनाने के लिए चाणक्य जिस अगली चीज पर जोर देते हैं, वह है नदी। दरअसल, नदी, जो आपको जल देती है, वह जीवन का आधार है। साथ ही, नदी से अच्छी फसल की पैदावार होती है, जो हमें खाद्यान्न के मामले में आत्मनिर्भर बनाती है।

सूत्र के सबसे अंत में चाणक्य चिकित्सक या वैद्य की बात करते हैं। चिकित्सक समाज के बेहतर स्वास्थ्य का आधार होते हैं। चिकित्सक ही हमें आश्वस्त कराते हैं कि किसी भी मुश्किल की घड़ी में वह हमारी मदद करेंगे। चिकित्सक ही इसकी देखभाल करते हैं कि समाज के लोग सेहतमंद और ताकतवर रहें। इसीलिए चाणक्य ने चिकित्सकों की महत्ता को रेखांकित किया।

६
जिस तरह से आवश्यकता से अधिक शहद का एकत्रण होने से मधु के छत्ते पर भालुओं के आक्रमण की आशंका रहती है, उसी तरह आवश्यता से अधिक धन इकठ्ठा होने पर लुटेरों का भय बना रहता है।

चाणक्य अच्छी तरह से जानते थे कि धन के भोंडे प्रदर्शन के चलते कुबेर को अपनी लंका से हाथ धोना पड़ा। पुरा गाथाओं के अनुसार, कुबेर को धन का देवता माना गया है। कुबेर लंका का राजा था, जो अत्यंत धनवान था। वह हमेशा अपने धन और समृद्धि का अनावश्यक प्रदर्शन किया करता था। उसके पास ऐशो आराम के सभी साधन थे, जिसमें उसका पुष्पक विमान भी शामिल था। उसकी इस चमक-दमक और ऐश्वर्य ने रावण को इस तरह आकर्षित किया कि उसने कुबेर पर आक्रमण करके उसकी सोने की लंका को लूट लिया। इतना ही नहीं, रावण कुबेर को गद्दी से उतार कर खुद लंका का राजा बन बैठा।

चाणक्य इस बात को भली-भांति जानते थे कि धन का भोंडा प्रदर्शन आपके धन को खतरे में डाल सकता है। अफसोस की बात है कि आज हमारा समाज फिर वही गलती दोहरा रहा है, जो वह अतीत में कर चुका है। हमारे उद्योगपति, जिनकी उद्यमशीलता के लिए मैं उनकी काफी सराहना और सम्मान करता हूं, आज भी वही भयानक गलतियां दोहरा रहे हैं। चाहे वह आठ हजार करोड़ का घर खरीदने का मुद्दा हो या फिर दो हजार करोड़ की शादी का मामला, सब पैसे के भोंडे प्रदर्शन में लगे हैं। बदहाली और त्रस्त देश के बाशिंदे होकर भी जब आप दुनिया को दिखाते हैं कि आप आठ हजार करोड़ रुपये का घर खरीद सकते हैं और दो हजार करोड़ की शादी कर सकते हैं तो आप अचानक न सिर्फ बेहद क्रूर दिखाई देते हैं, बल्कि नासमझ भी नजर आते हैं।

अतीत में भारत 'सोने की चिड़िया' कहलाता था। क्या आप फिर से सोने की चिड़िया बनना चाहते हैं?

नहीं, क्योंकि चिड़िया को तो उससे शक्तिशाली पक्षी नोंच कर खा जाते हैं। इस बार अगर हमें कुछ बनना है तो वह है, 'सोने का बाज' - कोई भी पक्षी बाज पर हमला करने की जुर्रत नहीं करता। इसलिए अब हमारे अंदर 'सोने की चिड़िया' बनने की बजाए 'सोने का बाज' बनने की चाह होनी चाहिए। हमें अपने धन का इस्तमाल और अधिक संयम से करना होगा। इसलिए चाणक्य कहते हैं कि अत्यधिक धन का प्रदर्शन लुटेरों को निमंत्रण देता है। वह हमें चेता रहे हैं और अपने देश की लगातार समृद्धि के लिए बेहतर होगा कि हम उनकी चेतावनी पर ध्यान दें। इसके साथ ही चाणक्य यहां तक कहते हैं: मुश्किल वक्त में लोग लड़ पड़ते हैं।

चाणक्य का यह कथन एक बेहद रोचक तथ्य की तरफ इशारा करता है। मारवाड़ी में एक

कहावत है कि 'अभाव में ही स्वभाव नजर आता है'। यानी मुश्किल हालात या विपरीत परिस्थितियों में ही आप किसी इंसान के असली स्वभाव का पता लगा पाते हैं। आज पश्चिम के पास दौलत है तो वह नैतिकता की बात करता है। आपको क्या लगता है कि कल अगर ये दौलत खत्म हो जाए या दौलत खत्म होने लगे तो भी क्या यह नैतिकता की राह थामे रहेगा? दरअसल, उस समय यह अपनी पूरी ताकत झोंक देगा, ताकि यह अपनी मजबूत स्थिति को बरकरार रख सके। यहां तक कि मौका पड़ने पर वह अपनी बंदूक भी निकाल सकता है। इसलिए यहां हमें एक बार फिर चाणक्य से सीख लेने की जरूरत पड़ती है कि कैसे हम एक समृद्ध, समझदार और शक्तिशाली राष्ट्र बन सकें। वो राष्ट्र, जो अपनी समृद्धि का विवेकपूर्ण इस्तमाल करने के साथ ही अपनी ताकत को संजो सके और समझदारी से काम ले सके।

७

किसी और के घर में उसकी दया पर रहना बेहद कष्टकर होता है। इस तरह आप अपना सम्मान गंवाने के साथ–साथ हमेशा उसकी दया का पात्र बनने की कोशिश करते हैं।

यहां चाणक्य दो तरह के लोगों की तरफ इशारा करते हैं। उनका पहला इशारा उन लोगों की तरफ है, जो मेहमान बन कर किसी दूसरे के घर रहने जाते हैं। ऐसे लोगों से चाणक्य कहते हैं कि जब आप मेहमान बन कर लंबे समय तक किसी दूसरे के घर रहते हैं तो धीरे-धीरे आप अपना मान-सम्मान खो कर उसकी दया के पात्र बनने लगते हैं। इसलिए कभी भी अपनी मेहमाननवाजी को लंबा मत खिंचने दो। इससे पहले कि तुम अपने मेजबान पर बोझ बनो, वहां से चल देना ही बेहतर है।

इस श्लोक में उनका दूसरा इशारा अभिभावकों या माता-पिता की तरफ है। चाणक्य कहते हैं कि माता-पिता को अपने संध्याकाल या वृद्धावस्था के बारे में पहले ही योजना बना लेनी चाहिए। उन्हें अपने सिर पर अपनी छत की व्यवस्था खुद करनी चाहिए। अकसर मुझे ऐसे कई लोग मिलते हैं, जो यह कहते हैं कि हम अपने जीवन में आगे चलकर मसलन रिटायरमेंट से कुछ पहले या उसके बाद घर बना लेंगे। उनका मानना होता है कि जब मुसीबत आएगी तो वे उससे निपट लेंगे। लेकिन यह मुसीबत ऐसी नहीं होती, जिससे सिर पर आने पर ही निपटा जाए। इससे निपटने की तैयारी हमें शुरू से ही करनी होती है, अपने साधनों को पहले से ही जुटाना पड़ता है। दरअसल, ऐसा न करके आप अपने लिए भविष्य में न सिर्फ एक बड़ी मुसीबत मोल ले लेते हैं, बल्कि बच्चों पर भी एक बोझ बन जाते हैं। इस तरह आप बच्चों से

उनकी निजता छीनते हैं, जबकि बदले में बच्चे आपकी इज्जत और सम्मान ही छीन लेते हैं।

८

अपनी योजनाओं की चर्चा मत करो, क्योंकि अगर तुम इन पर अमल नहीं कर पाए तो सबके बीच हंसी का पात्र बनोगे। चर्चा के दौरान तुम्हारे विचार चुराए जा सकते हैं, साथ ही योजनाओं का खुलासा करना सुझावों और आलोचनाओं को दावत देने जैसा है। इससे तुम्हारा मनोबल गिर सकता है।

चाणक्य बुद्धिमानी की सलाह देते हैं। वह कहते हैं कि इंसान को कभी भी अकारण अपनी योजनाओं की चर्चा नहीं करनी चाहिए, क्योंकि अगर वह इन पर अमल करने से चूकता है तो वह सबके बीच हंसी का पात्र बनता है। अकसर योजनाएं भविष्य की ओर लगने वाली छलांगें होती हैं। अपनी योजनाओं पर अमल के रूप में आप अपने कदम धीरे-धीरे वर्तमान से भविष्य की ओर बढ़ाते हैं और इस तरह आप उस जगह पहुंचने में सफल होते हैं, जहां आप पहुंचने की इच्छा रखते हैं। हां अगर आप इन योजनाओं के बारे में वक्त से पहले चर्चा शुरू कर देते हैं तो इनके अमल में थोड़ी सी देरी भी आपको असफल करार दे सकती है या दूसरों की हंसी का पात्र बना सकती है। हो सकता है कि यह चीज सामाजिक दायरे के लिए जरूरी आपकी साख या फिर और लोगों से काम लेने की आपकी क्षमता को कमजोर कर दे।

अपनी योजनाओं की चर्चा न करने का जो दूसरा कारण वह देते हैं, वह है योजनाओं की चोरी। अकसर ऐसा हुआ है कि किसी आदमी ने कोई योजना बनाई और बिना किसी दुराव-छिपाव के इसकी चर्चा औरों से कर दी। फिर उनमें से कोई एक उस योजना को ले उड़ा, उस पर अमल किया और उसे हड़प गया। इस तरह आप अपनी योजनाओं के बारे में जानकारी बांट कर खुद अपने लिए खतरा मोल लेते हैं।

तीसरा, योजनाओं का खुलासा करने से सुझाव और आलोचनाएं मिल सकती हैं, जो आपके सारे उत्साह पर पानी फेर सकती हैं। योजनाओं की चर्चा करने से आपको सुझाव मिल सकते हैं। अगर आपको ये सुझाव काम के नहीं लगते और आप इन पर अमल नहीं करते, तब तक तो कोई दिक्कत नहीं है। लेकिन सुझाव देने वाला व्यक्ति अगर आपका बेहद नजदीकी है और यह अपेक्षा रखता है कि आप उसके सुझावों पर अमल करेंगे तो समझ लें कि आपने व्यर्थ में अपने लिए एक मुसीबत मोल ले ली है, जिससे निपटना भी आपको खुद ही पड़ेगा। जाहिर है,

आप उसके सुझावों को न मानकर उसकी नाराजगी नहीं झेलना चाहोगे। अगर आपने उससे अपनी योजनाओं की चर्चा न की होती तो आपको यह सब नहीं झेलना पड़ता। इसी तरह योजनाओं का खुलासा आलोचनाओं को भी निमंत्रित करता है और आलोचनाएं आपके सारे उत्साह को धूमिल कर देती हैं। ऐसे बहुत से लोग हैं, जिनकी सोच बेहद नकारात्मक है। ये लोग जीवन का सिर्फ अंधियारा पक्ष ही देखते हैं, अतः इनकी आलोचनाएं आपके मनोबल की सारी हवा निकाल देती हैं। इसीलिए चाणक्य कहते हैं कि कभी अपनी योजनाओं की चर्चा मत करो।

६

**अपने खोए हुए या लूटे गए धन की,
अपने दिल के गहरे जख्मों की,
अपने परिवार के विवाद या बदनामी की,
अपने ठगे जाने की या अपने अपमान की
कभी किसी से चर्चा न करो।**

चाणक्य को लगता है कि जिस इंसान का धन खो जाता है या चोरी चला जाता है, वह अपने मित्रों, यहां तक कि अपने रिश्तेदारों को भी खो देता है। इसलिए उन्होंने कहीं ज़िक्र किया है कि पैसा इंसान का सबसे नजदीकी रिश्तेदार है। अगर आपका पैसा खोता है तो यह बेहद अफसोस की बात है, लेकिन जब आप इसकी चर्चा समाज में करते हैं तो आप अपनी समस्याओं को और जटिल बना लेते हैं। उस स्थिति में समाज एक तरफ तो आपके साथ सहानुभूति दिखाता है और दूसरी तरफ आपको आपके हालात पर छोड़ भाग खड़ा होने की तैयारी में जुट जाता है । इस तरह आपने न सिर्फ धन खोया, बल्कि वह सामाजिक और नैतिक संबल भी खो दिया, जिसकी आपको इस मौके पर बेहद जरूरत थी। इसलिए कभी पैसे खोने की चर्चा दूसरों से मत करो।

साथ ही, अपने दिल पर लगी चोटों या अपने ठगे जाने अथवा अपमान का ज़िक्र भी कभी औरों से न करो। क्योंकि जब आप अपने दिल पर लगी चोटों का जिक्र औरों से करते हैं तो एक तरह से आप दूसरे के सामने खुद को उघारा कर रहे होते हैं। तब सुनने वाला भी जान जाता है कि कब और किसने आपको चोट पहुंचाई है, किसने आपको ठगा है और किसने आपका अपमान किया है। कल को जब आप इस चोट पहुंचाने वाले व्यक्ति के खिलाफ किसी ऐसे मुद्दे पर, जो आपके निजी हितों (सबक सिखाने या बदला लेने) से बड़ा है, मोर्चा खोलते हैं तो आपके लिए मुश्किल होती है। दरअसल, तब आपके राज को जानने वाले व्यक्ति को लगता है कि आपके विरोध की वजह कोई बड़ा मुद्दा न होकर आपकी व्यक्तिगत खुन्नस है, भले ही आपके विरोध का असली कारण कोई बड़ा और वास्तविक मुद्दा क्यों न हो।

चाणक्य कहते हैं कि, आपको अपने परिवार के किसी विवाद या बदनामी के बारे में भी किसी से चर्चा नहीं करनी चाहिए, क्योंकि इस तरह अफवाहों का बाजार गर्माने लगेगा।

१०

धैर्य और विवेक का दूसरा नाम मौन है। जुबान लड़ाई की सबसे बड़ी जड़ है।

शब्द पिंजरे हैं। शब्द आपको कैद कर देते हैं। अगर आप अपने बारे में कुछ कहते हैं तो थोड़े समय बाद आपको महसूस होता है कि आप अपनी ही परिभाषा में बंध कर रह गए हैं। एक स्विस कहावत है – पेंटिंग योर सेल्फ इन टु अ कॉर्नर *(Painting yourself into a corner.)* यानी जब आप किसी फर्श को पेंट कर रहे होते हैं तो पेंटिंग करते-करते आप एक कोने में पहुंच जाते हैं। तब आपके लिए उस कोने से निकल पाना मुश्किल होता है, क्योंकि आपके चारों तरफ का पेंट गीला होता है।

आज से कई साल पहले मैंने चार्ली ब्राउन का एक कार्टून देखा था। पहले फ्रेम में चार्ली ब्राउन ईंटें जोड कर एक कमरा बना रहा है। अगले फ्रेम में वह अपने चारों तरफ चार दीवारें बनाता है, अगले फ्रेम में उसने इन चार दीवारों को एक छत से जोड़ दिया है। इस कमरे में कोई दरवाजा और खिड़की नहीं है और अब वह चिल्ला रहा है, 'मुझे इस कमरे से बाहर निकालो।' अपने आप को शब्दों के पिंजरे में बांधने से अच्छा है चुप रहना। मौन या चुप्पी साधना ही असली विवेक है। मौन या खामोशी आपको अपनी जिंदगी स्वच्छंद और अपने तरीके से जीने की आजादी देती है। धैर्य का दूसरा नाम मौन भी है। ऐसा कभी मत सोचें कि अगर आप चुप रहे तो लोग आपका फायदा उठा सकते हैं। आपकी खमोशी भी बोलती है। अगर आपकी खामोशी परिपक्वता से भरी होगी तो निस्संदेह सामने वाला इसे सुनने पर मजबूर होगा। जुबान लड़ाई की सबसे बड़ी जड़ है। किसी ने कहा है कि बातचीत की उतनी खूबसूरती इसमें नहीं है कि सही वक्त पर सही बात कही जाए, जितनी कि इसमें है कि किसी बोलने वाले मौके पर चुभने वाली बात अनकही छोड़ दी जाए। ज्यादातर युद्ध हुए ही इस वजह से हैं, क्योंकि किसी मौके पर एक ने ऐसी बात कह दी, जो दूसरे को चुभ गई या दूसरे को अपमानजनक लगी। इसलिए चाणक्य आत्मनियंत्रण और विवेक के इस्तेमाल की सलाह देते हैं।

११

अनजाना खेत हमेशा हरा–भरा नहीं होता। जो भंवरे सरस और खूबसूरत कमल के फूलों को छोड़ कर

अनजाने फूलों का रस पीने के लिए धान के खेतों में मंडराते हैं, उन्हें कांटे चुभते हैं और वे मर जाते हैं।

चाणक्य कहते हैं, दूर के खेत हमेशा हरे-भरे नहीं होते। हालांकि वह अच्छी तरह से यह जानते हैं कि दूर का खेत अकसर हरा-भरा दिखाई देता है। सवाल उठता है कि मेड़ के दूसरी तरफ वाली घास हमेशा ज्यादा हरी क्यों दिखाई देती है? दरअसल, आप दूसरी तरफ रहने वालों के जीवन की तुलना अपने जीवन से करते हैं। ऐसे में आपको लगता है कि उनके चेहरे पर आपसे ज्यादा मुस्कान है, उनके कपड़े आपसे ज्यादा चमकदार हैं और वे आपसे ज्यादा खुश हैं। लेकिन उनकी हंसी और कपड़े दोनों बनावटी हैं। अगर कोई इंसान खुश नहीं है तो भी वह खुद को खुश दिखाने की कोशिश करता है, क्योंकि अगर वह ऐसा नहीं करता तो उसे अपनी असफलता को स्वीकारना पड़ेगा और यह स्वीकृति उसके अहं के लिए बहुत बड़ा धक्का होगी। अकसर दूसरे छोर पर खड़े इंसान इसलिए खुश दिखाई देते हैं, क्योंकि वह खुश दिखने की कोशिश करते हैं। और उनकी इस बनावटी हंसी को देख आप भी उस छोर जाना चाहते हैं।

चाणक्य कहते हैं कि इसी तरह भंवरे भी रस से भरी कमल कलिकाओं को छोड़कर अनजाने फूलों के रस के लालच में धान के खेतों में मंडराते हैं, लेकिन वहां उनका सामना कांटों से होता है, जिनसे घायल होकर वे मर जाते हैं। भंवरा जब कांटों के नजदीक पहुंचता है तो उसे इस असलियत का अहसास होता है कि यहां वो हरियाली नहीं है, जो दिखााई देती थी। लेकिन अफसोस तब तक बहुत देर हो चुकी होती है।

१२

इंसान का व्यवहार उसका लालन–पालन, बोली और लहजा उसका इलाका और कद–काठी उसकी खुराक के बारे में सब कुछ बता देती है।

लाओत्सू ने कहा कि जो लोग बीज में ही संभावनाओं के प्रतिबिंब को देख लेते हैं, वे जीनियस होते हैं। एक बेहद प्रचलित चीनी लोक कथा है। यह कहानी ऐसे भाइयों की है, जो चिकित्सक होते हैं। एक बार एक व्यक्ति सबसे छोटे भाई से सवाल करता है कि आप तीनों में सबसे अच्छा चिकित्सक कौन है? इस पर वह जवाब देता है, 'मैं एक शल्य चिकित्सक हूं। बीमारी जब अपने चरम पर पहुंच जाती है तो मैं शल्य चिकित्सा द्वारा उसका इलाज करके उसे खत्म करने की कोशिश करता हूं। इसलिए मैं तीनों में सबसे निकृष्ट हूं। मेरा दूसरे नंबर का भाई वैद्य है। जैसे ही कोई बीमारी शुरू होती है, वह दवाई देकर उसे ठीक करने की कोशिश करता है। इसलिए वह मुझसे श्रेष्ठ है। लेकिन तीनों में सर्वश्रेष्ठ है मेरा बड़ा भाई, जो बीमारी के शुरू होने से पहले ही उसकी संभावनाओं का पता लगाकर लोगों को अपनी दिनचर्या बदलने और

आगामी खतरों के बारे में सचेत कर देता है। वह बीमारी को उसके गर्भ में ही देख लेता है और उसे पनपने का मौका ही नहीं देता। इसलिए वह तीनों में सर्वश्रेष्ठ है।'

इन पंक्तियों के जरिए चाणक्य किसी घटना के घटने से पहले ही उसके संकेत को समझने या उसका आभास पाने के महत्व को समझाने का प्रयास करते हैं। दरअसल, चाणक्य जीवन में संकेत पकड़ने के महत्व को अच्छी तरह समझते थे, इसलिए उन्होंने संकेत पकड़ने व घटनाओं का आभास पाने पर बेहद जोर दिया है।

अकसर किसी इंसान की बातचीत ही सामने वाले को उसके बारे में काफी कुछ बता देती है। इंसान की बातचीत उसके पाताल की ख़बर देती है। ध्यान देनें की कोशिश करें कि सामने वाला क्या बोल रहा है, किस बात पर उसे हंसी आती है और कब वह बातचीत के दौरान विषय बदलता है। लगातार इसका अभ्यास करने से आप एक विषय से दूसरे विषय के बीच का आपसी संबध जोड़ने और ढूंढने में सफल हो जाएंगे। और सही मायनों में तब आप सामने वाले के विचारों को पढ़ने में सफल हो जाएंगे।

हालांकि संकेत पकड़ने के साथ-साथ वह इस बात पर उतना ही जोर देते हैं कि आप सही व गलत संकेतों और अंधविश्वासों के बीच फर्क करना सीखें। अगर आप इस फर्क को नहीं समझेंगे तो आप ऐसी-ऐसी चीजों में भी संकेत ढूंढने लगेंगे, जहां वे होंगे ही नहीं। वैसे भी भारत में तरह-तरह के संकेतों को जिक्र मिलता है। यहां तक कि मेरे धोबी तक को यह खुशफहमी है कि उसे संकेत या सिग्नल मिलते हैं। एक दिन मैंने सुना कि वह मेरे ड्राइवर से कह रहा था कि उसे सिग्नल आते हैं।

यह तो कुछ ऐसा ही हुआ कि मानो भगवान के पास सिर्फ एक ही काम बचा है कि वह हम हिंदुस्तानियों को संकेत भेजे। या फिर वह लगातार ऐसे संकेत बना-बना कर भेजता रहे, जिससे हिंदुस्तानी अपनी किस्मत का ताला खोल सकें। वैसे अब यह मसला सिर्फ हिंदुस्तानियों तक ही सीमित नहीं रहा है, बल्कि अमरीका और ऑस्ट्रेलिया में भी लोग इस मामले में काफी जागरूक हो गए हैं। उन लोगों ने भी अब कहना शुरू कर दिया है कि उन्हें सिग्नल आते हैं। सच्चाई तो यह है कि संकेत मिलने या संकेतों पर उन्होंने हमसे बड़ी और मोटी किताबें लिखनी शुरू कर दी हैं।

गौरतलब है कि संकेत और अंधविश्वास के बीच के फर्क को समझना भी बेहद महत्वपूर्ण है। हॉलिवुड की एक प्रसिद्ध फिल्म है 'ट्रॉय'। इसमें दिखाया गया है कि जब ट्रॉय पर हमला होता है तो उसके राजा को एक पूर्वाभास होता है। वह इस पूर्वाभास को एक अच्छा शगुन मानकर न सिर्फ युद्ध के लिए तैयार होता है, बल्कि दुश्मन पर हमला करता है और जीत भी जाता है।

अगली सुबह जब दुश्मन की सेना अपने घर जाने के लिए वापसी की तैयारी कर रही होती है तो ट्रॉय का मुख्य पुजारी आकर राजा को एक अच्छा शगुन होने की जानकारी देते हुए दुश्मन पर फिर से हमला करने की सलाह देता है। चूंकि यह सलाह राज्य के मुख्य पुरोहित की तरफ से आई होती है, इसलिए राजा उस पर विश्वास कर दुश्मन सेना पर आक्रमण कर देता है। अपने परिवारजनों से मिलने को बेकरार दुश्मन सेना पर जब दोबारा युद्ध थोपा जाता है तो वह न सिर्फ डट कर मुकाबला करती है, बल्कि ट्रॉय को तहस-नहस भी कर देती है। इसमें दो राय नहीं कि कुदरत ने इंसान को संकेत समझने की जो काबिलियत दी है, वह अपने आप में एक बहुत बड़ा तोहफा है, लेकिन इससे भी ज्यादा महत्वपूर्ण और बड़ा तोहफा है बुद्धि या विवेक। इसलिए चाणक्य संकेत पकड़ने पर तो बेहद जोर देते हैं, लेकिन साथ ही वह अंधविश्वास के सख्त खिलाफ हैं। जब आप किसी इशारे के बारे में यह तय नहीं कर पा रहे हों कि यह संकेत है या अंधविश्वास तो वहां आप हमेशा अपने विवेक से काम लीजिए। अगर आपका पूर्वाभास गूंगा या मौन है तो आप संकेतों में उलझने की बजाए विवेक के साथ चलिऐ।

१३

**हमेशा बराबरी वालों में ही मित्रता सर्वश्रेष्ठ होती है,
क्योंकि बराबरी में अहं का टकराव नहीं होता और
आपसी सम्मान बना रहता है।
वे लोग एक साथ अजीब या अटपटे नहीं लगते,
लोग उनके बारे में दुर्भावनापूर्ण टिप्पणियां नहीं कसते।**

जब दो मित्र बराबर के होते हैं तो उनमें अहं का टकराव नहीं होता और आपसी सम्मान बना रहता है। जब चाणक्य बराबरी शब्द का इस्तमाल करते हैं तो उनका आशय व्यक्ति की सामाजिक और आर्थिक हैसियत से है। मित्रता का आधार एक आपसी समझ या तालमेल, आपसी लेन-देन पर निर्भर करता है। और यह आपसी आदान-प्रदान तभी संतुलित होता है, जब दोनों मित्रों की सामाजिक व आर्थिक स्थिति या हैसियत समान होती है। इसीलिए चाणक्य कहते हैं कि दोस्ती हमेशा बराबर वालों में ही शोभा देती है। ऐसी मित्रता सर्वश्रेष्ठ होती है। चाणक्य के ऐसा कहने के पीछे एक दूसरी वजह भी है। उनका मानना है कि अगर दोनों मित्र समान होंगे तो उनका साथ अटपटा नहीं लगेगा। जब दोनों मित्रों का साथ अटपटा नहीं लगेगा तो लोग उनके बारे में फब्तियां या तानें नहीं मारेंगे।

दुनिया ताकतवर लोगों को नापसंद करती है, इसलिए वह ताकतवर को नीचे खींचना चाहती है या उसकी टांग खिचाई में लगी रहती है। पश्चिमी जगत में उसकी इस सोच के लिए एक खास शब्द का इस्तेमाल किया जाता है - 'टॉल पॉपी सिंड्रोम'। यह सिंड्रोम समाज की उस इच्छा को

परिभाषित करता है, जिसके अनुसार समाज उन लोगों के पर कतरने में लगा रहता है, जिन्होंने अपनी कोई आर्थिक या सामाजिक हैसियत बनाई हो। एक खास हैसियत रखने वाले लोगों की उपलब्धियों को नकार कर या कम आंक कर अथवा उनकी ख्याति में सुराख कर समाज अपने इस उद्देश्य की पूर्ति करता है। इतना ही नहीं, समाज उस ताकतवर मित्र के बारे में तरह-तरह की बातें करने लगता है। दरअसल, समाज को लगता है कि ताकतवर व्यक्ति में इतनी योग्यता नहीं है, जितनी वह दिखाता है अथवा उसमें कोई न कोई कमी अवश्य है, तभी उसने अपने से कम योग्य व्यक्ति से मित्रता की है।

साथ ही, समाज दूसरों का सहारा या आसरा लेकर आगे बढ़ने वाले लोगों को भी नापसंद करता है। समाज नहीं चाहता कि कमजोर व्यक्ति ताकतवर की मदद लेकर आगे बढ़े। इसलिए समाज दोनों मित्रों में कम ताकतवर या अपेक्षाकृत कमज़ोर व्यक्ति पर भी व्यंग्य करता। उसे सामाजिक रूप से एक पराश्रित या परजीवी करार देता है। इस तरह असमान लोगों के बीच हुई दोस्ती को हमेशा दूसरों के ताने सुनने या मजाक बनने का खतरा रहता है और कई बार ऐसे ताने और टिप्पणियां आपसी रिश्ते को भी खत्म कर देती हैं।

१४
शारीरिक रूप से कमज़ोर व्यक्ति मित्रतापूर्ण रवैया अपना लेता है।

यहाँ चाणक्य दिखावे, ढोंग या छद्मता पर निशाना साधते हैं। चाणक्य का मानना है कि समाज को अपने भीतर से दिखावे की भावना को निकाल फेंकना चाहिए। चाणक्य अच्छी तरह समझते हैं कि भारतीय समाज में मौजूद दिखावे या ढोंग की भावना ने ही इसे कमजोर और गैर-विश्वसनीय बनाया है। शारीरिक रूप से कमजोर इंसान अपने भीतर दोस्ताना भाव भरना शुरू कर देता है। इस पंक्ति के जरिए वह यह समझाने की कोशिश करते हैं कि जब इंसान कमजोर होता है तो वह अपने दोस्ताना रवैये का दिखावा करता है। वह ऐसा इसलिए करता है, क्योंकि उसके पास दोस्ताना रुख अपनाने के अलावा कोई और चारा नहीं होता। अगर आप शारीरिक रूप से कमजोर हैं तो आप आक्रमक नहीं हो सकते। ऐसे में आपको अपना रवैया दोस्ताना रखना पड़ता है। हालांकि तब आपके इस दोस्ताना व्यवहार का कोई खास महत्व नहीं रह जाता। दरअसल, **यह मैत्री भाव आपकी सहजता से नहीं, बल्कि आपकी निरीहता से उपजा है।**

भारतीय समाज अपनी मेहमाननवाजी की महानता को दिखाने के लिए 'अतिथि देवो भवः' जैसे जुमलों का इस्तेमाल करता है, जिसका आशय है कि अतिथि भगवान की तरह होता है। पूरी

दुनिया में अतिथि को एक आफ़त के रूप में देखा जाता है। जबकि अकेले सिर्फ भारत में ही यह दावा किया जाता है कि – मेहमान भगवान की तरह होता है। भारत जब 'अतिथि देवो भवः' का नारा लगाता है तो क्या वाकई इसमें कोई महानता नजर आती है? कुछ लोगों को लग सकता है कि हमने इस चालाकीपूर्ण नारे को इसलिए अपना लिया, क्योंकि ऐतिहासिक रूप से हम अपनी दहलीज पर आक्रमण करने वाली सेनाओं को नहीं रोक पाए। चूंकि हम आक्रमणकर्ताओं को अपने यहां आने से नहीं रोक पाए, हम उनका मुकाबला नहीं कर पाए और वे जबरदस्ती हमारे देश में प्रवेश कर गए तो हमने बेहद सधे और चालाकीपूर्ण ढंग से उन्हें यानी हमलावरों को मेहमान (भगवान) का दर्जा दे दिया। हमने बड़ी चालाकी से अपनी कमजोरी को अपनी महानता का रूप दे दिया। इस तरह एक बार जब वह हमारे यहां आ गए तो हमने कहना शुरू कर दिया कि मेहमान भगवान होता है।

चाणक्य इसी दिखावे या ढोंग के खिलाफ हैं। इसी संदर्भ में वह यह भी कहते हैं कि गरीब व्यक्ति खुद को सादगी की मूर्ति बताता है। चूंकि गरीब व्यक्ति विलासितापूर्ण या सभी सुख सुविधाओं से भरी जिंदगी नहीं बिता सकता, वह अपने साधारण और सादे जीवन की मजबूरी को महानता का चोला ओढ़ा देता है।

इसी तरह चाणक्य आगे कहते हैं कि बीमार या रोगी इंसान भगवान का भक्त बन जाता है। जब आप बीमार होते हैं, तो आप डॉक्टर के पास जाते हैं। इसके साथ ही आप मंदिर में भी जाते हैं। ऐसा इसलिए, क्योंकि बीमारी के दौरान आप खुद को असहाय और कमजोर समझने लगते हैं। अकसर जीवन की सबसे बड़ी और गहन अनुभूतियां मंदिर में नहीं, बल्कि अस्पताल में होती हैं। प्रायः जब व्यक्ति अस्पताल में भर्ती होता है तो वह जीवन को बिल्कुल अलग तरीके या नजरिए से देखना शुरू कर देता है। वह पहले की अपेक्षा काफी मृदु और नम्र हो जाता है। अगर आप किसी गंभीर बीमारी से ग्रस्त हो तो आपकी पहली अस्पताल यात्रा आपके भीतर इतना बदलाव ला देती है, जितना कोई आध्यात्मिक गुरु भी नहीं ला सकता। इसलिए वह कहते हैं कि रोगी व्यक्ति ईश्वर का भक्त बन जाता है। वैसे यह स्वभाविक भी है। उसका ऐसा कोई महान आध्यात्मिक जुड़ाव या झुकाव नहीं है, जो उसे ईश्वर का भक्त बना रहा है। दरअसल, वह तो इस समस्या या बीमारी को ईश्वर के द्वार पर, ईश्वर की शरण में ले जाना चाहता है। यही बीमारी उसे ईश्वर भक्त बना रही है।

इस मौके पर मुझे रामकृष्ण परमहंस के जीवन की एक घटना याद आ रही है। वह अपने पास आने वाले एक काली भक्त से लगातार कहते रहते थे कि वह मासांहार छोड़ दे। लेकिन यह भक्त उनकी एक न सुनता। एक लंबा वक्त गुजरने के बाद एक दिन अचानक वह भक्त आया और परमहंस से बोला, 'गुरुजी, मैं मांसाहार छोड़कर अब शाकाहारी बन गया हूं।' यह सुनकर

परमहंस बड़े प्रसन्न हुए और उससे बोले, 'मुझे खुशी है कि आखिर तुमने मेरी बात मान ली।' इस पर वह भक्त बोल पड़ा, 'नहीं महाशय, अब मेरे दांत गिर गए हैं।' उस इंसान में यह बदलाव किसी आंतरिक या आध्यात्मिक कारणों से नहीं हुआ था, बल्कि इसलिए हुआ था कि दांत गिर जाने की वजह से अब वह मांसाहार भोजन को चबाने लायक नहीं रहा था।

यहां मुझे एक और वाकया याद आ रहा है, जो दो दोस्तों से जुड़ा है। एक मित्र ने दूसरे से एक हजार रुपये उधार लिए। उधार लेने वाले ने कई सालों तक मित्र का पैसा वापस नहीं किया। उधार देने वाला भी यह जानता था कि सामने वाला अकसर पैसे लेकर वापस नहीं लौटाता। एक दिन वे दोनों मित्र एक जंगल से गुजर रहे थे, तभी उन्होंने देखा कि लुटेरों का दल बड़ी तेजी से उनकी ओर बढ़ा आ रहा है। दोनों समझ रहे थे कि अब वे लूट लिए जाएंगे। तभी जिस मित्र ने उधार लिया था, उसने झटके से अपने पर्स से एक हजार रुपये निकाले और अपने दोस्त को देते हुए बोला– 'ये लो अपने पैसे, जो मैंने तुमसे उधार लिए थे। मैं अपने सिर पर तुम्हारा कर्जा नहीं रखना चाहता।' उसने ऐसा क्यों किया? दरअसल, वह जानता था कि उसके और उसके दोस्त के पास जो भी पैसा है, वह थोड़ी देर में लूट लिया जाएगा। ऐसे उदाहरण अपने आप में झूठ, बनावटीपन और पाखंड के हैं। ऐसी चीजें सिर्फ दिखावे के लिए की जाती हैं। चाणक्य दिखावा नहीं करते थे, वह प्रहार करते थे। चूंकि वह दिखावे में विश्वास नहीं करते थे, इसलिए वह भारतीय समाज के तमाम पाखंडों और ढोंग पर प्रहार व आलोचना करते थे।

१५

चंदन के वृक्षों से आने वाली सुगंधित हवा
बांस की झाड़ियों को नहीं महका सकती।
तब भी बांस के झुरमुटों से तीखी गंध ही निकलती रहेगी।

चाणक्य कहते हैं कि दुष्ट लोग अपना स्वभाव नहीं बदलते। दरअसल, दुष्ट लोग सोचते हैं कि अच्छे व्यक्ति मूर्ख होते हैं और शायद यह भी एक वजह है कि वे लोग अपना स्वभाव नहीं बदलते। दुष्टों के स्वभाव न बदलने की दूसरी वजह होती है दुष्टता से जुड़ी जड़ता या काहिली। काम करने का हर तरीका और आपके सोचने का हर वह नजरिया, जिस पर आप विश्वास करते हैं या अमल करते हैं, अपनी एक शैली बना लेता है, इसलिए जब कोई विरोधी विचार या विरोधी चीज सामने आती है तो आप उसे आसानी से हजम नहीं कर पाते। यही वह चीज है, जो चाणक्य यहां बताना चाह रहे हैं। साथ ही, वह यह भी बताने की कोशिश कर रहे हैं कि दुष्ट लोगों को सिर्फ बातचीत करके या समझा बुझा कर बदलना बेहद मुश्किल है।

१६

अगर उल्लू को दिन में दिखाई नहीं देता तो क्या वह इसका सारा दोष सूर्य के सिर पर मढ़ सकता है?

इस श्लोक के माध्यम से चाणक्य बताना चाह रहे हैं कि कभी-कभी शिष्य यह समझ पाने में सक्षम ही नहीं होता कि गुरु उसे क्या शिक्षा देना चाह रहा है। शिष्य के नजरिए व समझ की इस कमी से गुरु की शिक्षा का महत्व और आवश्यकता कहीं कम नहीं होती। जबकि सच्चाई तो यह है कि दोष गुरु में नहीं, बल्कि शिष्य में होता है। शिष्य उस उल्लू की तरह होता है, जिसे दिन के उजाले में दिखाई नहीं देता। दिन में सूरज की रोशनी तो होती है लेकिन वह उसे देख ही नहीं पाता और उससे वंचित रह जाता है। इसलिए यह उसकी कमी है, उसका दुर्भाग्य है।

१७

अगर कोई अल्पज्ञानी और कम समझदार व्यक्ति किसी पढ़े-लिखे और समझदार व्यक्ति को नीचा दिखाने की कोशिश करता है तो इसमें कोई आश्चर्य नहीं होना चाहिए। यह कुछ वैसी ही बात हुई, जैसे कोई नासमझ आदिवासी महिला कीमती मोतियों को अनदेखा कर खुद को सस्ते मनकों और गुटकों से सजाने लगे।

यहाँ चाणक्य कहते हैं कि अगर कोई अज्ञानी या नासमझ इंसान किसी समझदार व्यक्ति को नीचा दिखाता है तो इसमें कुछ भी असामान्य नहीं है। ऐसा दरअसल इसलिए होता है, क्योंकि अज्ञानी या अल्पज्ञानी व्यक्ति में समझदार की खूबियों की परख सीमित होती है। चूंकि उसमें समझदार को पहचानने का सामर्थ्य नहीं होता, अतः वह उसे नीचा दिखाकर ही खुश हो लेता है। चाणक्य अज्ञानी के इस मूर्खतापूर्ण व्यवहार की तुलना उस नासमझ आदिवासी महिला से करते हैं, जो कीमती मोतियों को अनदेखा कर सस्ते मनकों से खुद को सजाती है।

एक व्यक्ति एक पत्थर लेकर सब्जी मंडी में पहुंचा। उसने वह पत्थर एक सब्जीवाले को दिखाया। सब्जीवाले ने पत्थर देखकर सोचा कि यह सब्जी तौलने के काम आएगा, इसलिए उसने पत्थरवाले को उस पत्थर के बदले दस रुपये देने चाहे। लेकिन पत्थरवाले ने उस पत्थर को सब्जीवाले को देने की बजाए एक जौहरी को दिखाया। जौहरी ने पत्थर देखते ही उसकी कीमत दस लाख लगा दी। दरअसल, जौहरी पहली नजर में भांप गया था कि यह कोई आम पत्थर न होकर असली हीरा है। इसलिए पत्थर की कीमत उसे परखने वाले जौहरी की नजर में होती है। ऐसा ही कुछ चाणक्य ने भी कहा है - गुरु की योग्यता की परख उसके सही शिष्यों की नजर में ही होती है।

१८

जिस तरह कड़वा कद्दू ज्यादा पकने पर भी अपनी कड़वाहट छोड़कर मीठा नहीं होता, उसी तरह दुष्ट व्यक्ति भी परिपक्व होने पर अपनी दुष्टता छोड़कर अच्छा नहीं बनता।

चाणक्य कहते हैं कि अगर व्यक्ति दुष्ट है तो वह कभी भी अपना मूल स्वभाव नहीं बदलता। समय के साथ परिपक्व होने या उम्र बढ़ने पर भी ऐसे लोग बदलते नहीं हैं। वह तब भी पहले जैसे ही रहते हैं। एक पश्चिमी विद्वान ने भी कुछ ऐसा ही कहा है - प्लूटोनियम जैसे धातु को बदलना आसान है, लेकिन दुष्ट व्यक्ति को सुधार कर बदलना मुश्किल है।

१९

कांटों की तरह दुष्टों से भी निपटने के दो ही तरीके हैं – या तो उन्हें अपने जूतों तले रौंद दिया जाए या फिर उनसे दूर रहा जाए।

इंन पंक्तियों का पहला अंश तो स्वतः स्पष्ट है कि जब भी दुष्ट से आपका सामना हो, आप उसे अपने पैरों तले कुचल दें या फिर उनसे दूर रहें। दूसरा हिस्सा काफी रोचक है। दरअसल, यहां चाणक्य कहते हैं कि अगर एक बार आपको पता चल जाए कि कोई व्यक्ति दुष्ट है तो उससे संपर्क में आने से बचें और उससे दूर ही रहें। अगर आप उससे दूर रहेंगे तो उसके कलुषित और कुत्सित विचार आपके दिल-दिमाग को प्रदूषित नहीं कर पाएंगे। साथ ही, दूर रह आप उनकी हिंसा और हिंसात्मक विचारों से भी बचे रहेंगे।

२०

जैसे के साथ तैसा व्यवहार करने में कोई हर्ज नहीं है। अच्छाई के साथ अच्छाईपूर्ण व्यवहार करो। हिंसा का जवाब हिंसा से दो और दुष्ट के साथ दुष्टों जैसा व्यवहार करो।

चाणक्य यह बताने का प्रयास कर रहे हैं कि जब दुष्टों से दूर रहना भी आपके काम न आए तो युद्ध में नैतिक मूल्यों पर टिके रहने का कोई मतलब नहीं रह जाता। कभी भी अपने मन में यह भाव न आने दें कि अगर आप हिंसा का प्रतिकार हिंसा से करेंगे तो यह गलत काम या बुरा कर्म होगा। अगर किसी अच्छे उद्देश्य या बेहतर मकसद के लिए कोई उच्च या ताकतवर जीव अपने से निम्न जीव के जीवन को नष्ट करता है तो इसमें कुछ भी अनैतिक नहीं है। डॉक्टर जब रोग के जीवाणुओं को नष्ट करता है तो इसमें कुछ अनैतिक होता है? नहीं ना।

दुष्ट को खत्म करने के लिए अगर आप जीवन में कभी-कभार हथियार उठाते भी हैं तो इससे ज्यादा नैतिक कुछ नहीं होता। साथ ही, अगर आप यह सोचते हैं कि आप अच्छे हैं तो दुनिया आप से उलझेगी नहीं या आपको छोड़ देगी तो यह आपकी गलतफहमी है। यह सोच तो कुछ उसी तरह की हुई कि अगर आप शाकाहारी हैं तो बैल आप पर हमला नहीं करेगा। अब भला बैल शाकाहार के बारे में क्या जाने? बैल तो आप पर हमला करेगा, उस हमले से बचना आपका काम है। और अगर यह हमला खतरनाक है और बार-बार हो रहा है तो फिर बैल को खत्म कर देना ही बेहतर होगा।

याद रखें कि भेड़ शाकाहार के पक्ष में चाहे कितने भी विधेयक पास कर ले, लेकिन जब तक भेड़िए की सोच नहीं बदलती, इसका कोई मतलब नहीं रहता - जंगल में मांसाहार ही चलता है।

२१

**हाथी को नियंत्रित करने के लिए अंकुश की जरूरत होती है,
जबकि घोड़े को लगाम के जरिए साधा जाता है।
मवेशियों को नियंत्रित करने के लिए लाठी की जरूरत पड़ती है,
लेकिन दुष्ट व्यक्ति पर सिर्फ तलवार से ही काबू पाया जा सकता है।**

चाणक्य के इस कथन के बारे में क्या खूब कहा गया है - लातों के भूत बातों से नहीं मानते। दूसरे शब्दों में, जिन लोगों को बातों की भाषा समझ में नहीं आती, उन्हें लातों की भाषा या बल प्रयोग की भाषा ही समझ में आती है। अजीब इत्तेफाक है कि सदियों से हम इस कहावत को कहते या सुनते आ रहे हैं, लेकिन व्यवहारिक जीवन में हम इसका प्रयोग ना के बराबर करते हैं। हम लगातार कहते रहते हैं कि लातों के भूत बातों से नहीं मानते, फिर भी हम उनसे सिर्फ बात ही करते हैं। चाणक्य की नजरों में यह हम भारतीयों की कायरता है, जिसके बारे में उनका मानना है कि इस आदत पर हमला करके इसे खत्म कर देना चाहिए। वह कहते हैं कि दुष्ट व्यक्ति को सिर्फ तलवार से काबू किया जा सकता है, क्योंकि उसे तलवार की भाषा ही समझ में आती है। उन्होंने खुद भी दुष्टों के खिलाफ तलवार उठाई और उन्हें सबक सिखाया था। दरअसल, यही चाणक्य की महानता है। वह सिर्फ कहते ही नहीं हैं, सिर्फ सोचते ही नहीं हैं, बल्कि उसे कर भी दिखाते हैं।

२२

**अगर साधारण कपड़ों को साफ–सुथरा रखा जाए
तो वह देखने में अच्छे लगते हैं।
यदि भोजन राजसी और स्वादिष्ट न हो,
तो भी ताजा और गर्म बना होने पर उसे खाया जा सकता है।
उसी तरह अच्छा चरित्र हमारी असुंदरता या बदसूरती को छिपा देता है।**

यहां चाणक्य एक बार फिर नैतिकता के लहजे में खड़े दिखाई देते हैं और उनकी यही खूबी उन्हें मैक्याविली सरीके विचारकों से अलग करती नजर आती है। वह और उनका नजरिया इतना सकारात्मक है कि वह अपनी सकारात्मकता में नकारात्मकता के लिए भी गुंजाइश छोड़ते हैं। यहां तक कि जब वह हमें दुष्टों से दुष्टतापूर्ण ढंग से निपटने की सलाह देते हैं तो वह यह कहीं नहीं कहते कि हम हमेशा के लिए दुष्टता का चोला पहन लें। वह कहते हैं कि दुष्टता आपकी युक्तियों के तरकश का सिर्फ एक तीर होना चाहिए। यह न तो आपकी आत्मा का हिस्सा होनी चाहिए और ना ही आपके व्यक्तित्व का। इसीलिए वह कहते हैं कि अच्छा चरित्र आपकी शारीरिक कमियों को भी छिपा लेता है। चाणक्य का मानना है कि अगर आपका चरित्र अच्छा होगा तो आपकी असुंदरता भी उसमें छिप जाएगी, क्योंकि सुंदरता तो समय के साथ फीकी पड़ जाती है, जबकि चरित्र वक्त के साथ निखरता जाता है। चरित्र धीरे-धीरे और समग्र होता जाता हैं। यह एक व्यक्ति का दूसरे के साथ संबंधों को आधार प्रदान करता है, यह संबंधों को पोषण प्रदान करता है, जो सुंदरता कभी नहीं कर सकती। वह इसलिए, क्योंकि सुंदरता में संबंधों को सींचने वाला वह पोषक तत्व नहीं होता, जो चरित्र में होता है।

२३

जिस तरह से हजारों गायों के झुंड में से बछड़ा अपनी माता को पहचान लेता है, उसी तरह इंसान के कर्मों के फल बिना किसी भूल के उसका पीछा करते हैं।

चाणक्य कहते हैं कि आपके कर्म आपका पीछा नहीं छोड़ते। इस कथन के पीछे उनका आशय क्या है? दरअसल, वह कहना चाहते हैं कि आपको अपने बुरे कर्मों या पापों की सजा कोई और नहीं देता, बल्कि आपके बुरे कर्म या पाप खुद आपको दंडित करते हैं। ऐसा इसलिए होता है, क्योंकि आपके पापों या बुरे कर्मों का भूत, उनका खुमार और बुरे कर्मों के फलों की चिंता एवं डर हमेशा आपको घेरे रहते हैं। वह आपको खुद से मुक्ति नहीं लेने देते। और इस तरह आप खुद अपने किए पापों की सजा पाते हैं। उन पापों के बारे में बार-बार सोच कर आप खुद को दंडित करते रहते हैं। किए गए कर्मों के न्याय के लिए किसी दैवीय ताकत की जरूरत नहीं होती, बल्कि उसके परिणाम या नतीजे आपके कर्मों में ही छिपे होते हैं।

२४

जिस तरह चंदन की लकड़ी कटने पर भी अपनी सुगंध नहीं खोती, उसी तरह चरित्रवान व्यक्ति भी निर्धनता में अपना स्तर नहीं गिराता।

चाणक्य कहते हैं कि चरित्रवान व्यक्ति दरिद्रता और आवश्यकता के समय में भी अपना स्तर

नहीं गिराते। वे अपने चरित्र से पतित नहीं होते। असली चरित्र की पहचान या परीक्षा तो विपरीत परिस्थितियों में ही होती है। विपरीत परिस्थितियां चरित्र को इस तरह से विकसित और पल्लवित करती हैं कि उसकी महक हर तरफ फैल जाती है।

२५

समय मेरे साथ कैसा बर्ताव कर रहा है?
मैंने जीवन में कितने सच्चे मित्र बनाए हैं?
मैं जहां रहता हूँ, वह जगह कैसी है?
मैंने क्या कमाया और कितना खर्च किया?
मैं कौन हूँ और मेरा सामर्थ्य क्या है?

चाणक्य चाहते हैं कि हमें स्वयं से ये पांच बुद्धिमत्तापूर्ण सवाल अवश्य पूछने चाहिए –

समय मेरे साथ कैसा बर्ताव कर रहा है? मैंने जीवन में कितने सच्चे मित्र बनाए हैं? चाणक्य जीवन में सच्चे मित्रों का महत्व अच्छी तरह से समझते हैं।

जहां मैं रहता हूं, वह जगह कैसी है? आप जहां भी रहें, वहां एक आदर्श निवास स्थल की सभी खूबियां होनी चाहिए। (इसका उल्लेख पहले किया जा चुका है।)

मैंने कितना कमाया और कितना खर्च किया का आशय है कि मैं जीवन में कुछ बचत कर रहा हूं या नहीं। यानी मैंने कुछ बचाया भी है या नहीं।

मैं कौन हूं और मेरा क्या सामर्थ्य है का मतलब है कि मेरी क्या खूबियां हैं और किन चीजों के लिए मैं जाना जाता हूं?

चाणक्य की नजरों में ये सवाल बेहद समझदारीपूर्ण हैं, जिनका जवाब पाने की कोशिश हममें से हरेक को अपने जीवन में करनी चाहिए।

२६

एक बुद्धिमान व्यक्ति वह होता है –
जो यह जानता है कि किन हालात में कैसी बात करनी चाहिए,
जो अपने स्तर और प्रतिष्ठा को ध्यान में रखकर बात करता है,
और जो नतीजों को भुगतने की अपनी क्षमता को समझ कर क्रोध करता है।

एक बुद्धिमान व्यक्ति वह होता है, जो परिस्थिति देखकर बात करता है। वह यह जानता है कि

कब बोलना है और कब चुप रहना है। कब झुकना है और कब वार करना है। कब ढाल उठानी है और कब तलवार। बातचीत के दौरान वह अच्छी तरह समझता है कि किस खास मौके पर वह अपनी बात कब व कैसे शुरू करे और कौन सी चीज वह अनदेखी कर जाए। वह इस अंदाज और तरीके से बात करता है, जो उसके स्तर और प्रतिष्ठा के अनुकूल होते हैं। वह न तो बेहद ओछे या तुच्छतापूर्ण ढंग से बात करता है और न ही बहुत ज्यादा आधिकारिक या रौबीले अंदाज में, वह उस अंदाज में बात करता है, जो उसकी प्रतिष्ठा और स्तर को शोभा देते हैं। चाणक्य यहां बोलने या बातचीत की बात कर रहे हैं, जो सिर्फ बेहद नपी-तुली ही नहीं होनी चाहिए, बल्कि शिष्टतापूर्ण और संतुलित भी होनी चाहिए। बर्नस्टाइन नामक समाज विज्ञानी ने बातचीत पर एक शोध किया, जिसमें बहुत ही रोचक तथ्य निकलकर सामने आए। इस शोध के अनुसार, लोग अपनी बातचीत में दो तरह की संहिताओं का इस्तेमाल करते हैं। इसमें पहली है निंयत्रित संहिता। इसका इस्तेमाल वह लोग करते हैं, जो ज्यादा रईस या ताकतवर नहीं होते। और दूसरी तरह की संहिता विस्तृत संहिता होती है, जिसका इस्तेमाल ताकतवर और धनी लोग करते हैं। आखिर इन दोनों संहिताओं में अंतर क्या है? निंयत्रित संहिता बहुत हल्की या तुच्छ होती है, जिसमें सटीकता और संक्षिप्तता जैसे तत्व नहीं होते। दूसरी ओर, विस्तृत संहिता में भाषा काफी सटीक, नपी-तुली और संक्षिप्त होती है। उस बोलचाल में हल्कापन नहीं होता, बल्कि एक गंभीरता और विशिष्टता होती है। चाणक्य कहते हैं कि बुद्धिमान व्यक्ति की बोलचाल में एक गंभीरता होनी चाहिए। इतना ही नहीं, उसे उतना ही क्रोध करना चाहिए, जितना वह उसके नतीजों को संभालने की हैसियत या सामर्थ्य रखता हो। उसे अपनी हैसियत या सामर्थ्य से बढ़कर धमकी नहीं देनी चाहिए, उसे कभी ऐसी कोई बात नहीं कहनी चाहिए, जिसे वह पूरा न कर सके। यानी उसे बड़बोलेपन में आकर धमकी नहीं देनी चाहिए। ऐसा इसलिए, क्योंकि अगर वह कोई ऐसी धमकी देता है, जिसे वह पूरा न कर सके या जिस पर वह अमल न कर सके तो कल को उसकी धमकी अपनी विश्वसनीयता खोकर गीदड़ भभकी में बदल जाएगी। ऐसे में उसकी धमकी का किसी पर कोई असर नहीं होगा। साथ ही, अगर वह ऐसी कोई धमकी देता है, जो उसके सामर्थ्य से कहीं ज़्यादा है या फिर काफी गंभीर किस्म की है तो हो सकता है कि सामने वाला उस पर अपने सबसे घातक हथियार से हमला कर दे और इससे पहले कि वह अपनी धमकी पर अमल कर पाए, सामने वाला ही उसे धराशाई कर दे। इसीलिए चाणक्य कहते हैं कि व्यक्ति को उतना ही क्रोध करना चाहिए, जितना वह संभाल सके।

एक बार यूनिवर्सिटी में पढ़ने वाली एक लड़की को एक बदमाश लड़के ने छेड़ दिया। उस लड़की का भाई इस छेड़छाड़ की शिकायत लेकर उसी यूनिवर्सिटी में पढ़ने वाले एक सज्जन और प्रभावशाली छात्र के पास गया। इस ताकतवर छात्र ने मामले की गंभीरता को देखते हुए

इसमें बीच बचाव करने का फैसला किया। वह छात्र लड़की के भाई के साथ यूनिवर्सिटी की कैंटीन में गया, जहां वह छेड़छाड़ करने वाला लड़का अपने साथियों के साथ बैठा था। मदद करने वाले छात्र ने शालीनतापूर्वक दृढ़ शब्दों में उस लड़के से कहा, 'तुमने इसकी बहन को छेड़ा है। अब ऐसा नहीं होना चाहिए।' छेड़छाड़ करने वाले लड़के ने उससे माफी मांगते हुए कहा, 'मुझे इस घटना का बेहद अफसोस है और अब दोबारा ऐसा हर्गिज नहीं होगा।' पास ही खड़े लड़की के भाई ने जब उस बदमाश के व्यवहार में आई तबदीली को देखा तो वह अपने आवेश पर नियंत्रण नहीं रख पाया और बोल पड़ा, 'हां, अगली बार ऐसा नहीं होना चाहिए, वरना इसका अंजाम बुरा होगा।' सुनते ही उस बदमाश ने खतरनाक ढंग से बड़ा सा चाकू निकाल लिया और अपने प्रभावशाली मित्र से बोला, 'चूंकि आप इस मामले के बीच में पड़े, इसलिए मैंने माफी मांग ली। अगर इस अदने से लड़के ने मुझे धमकाने की कोशिश की तो मैं यहीं काट कर इसके टुकड़े कर दूंगा।' आखिर हुआ क्या? लड़की के भाई ने यह महसूस नहीं किया कि छेड़खानी करने वाला लड़का अपने ताकतवर मित्र का लिहाज कर रहा है। जैसे ही भाई ने आक्रामक होने की कोशिश की, स्थिति पलट गई। यह बिल्कुल वही मामला था, जहां आप अपनी हैसियत और परिस्थितियों को जाने बिना सामने वाले को धमकी या चुनौती देते हो। यही वह चीज है, जिससे बचने की चेतावनी चाणक्य देते हैं।

२७

जब कोई नाटा या बौना व्यक्ति किसी लंबे इंसान को देखता है तो अचानक उसे अपनी कमियों का एहसास होने लगता है और वह लंबे लोगों से नफरत करना शुरू कर देता है।

चाणक्य बताते हैं कि कैसे ईर्ष्या जन्म लेती है। दरअसल, जब तक नाटे लोगों ने लंबों को नहीं देखा होता, तब तक उन्हें एहसास नहीं होता कि उनमें क्या कमी है? और जब वह लंबे व्यक्ति को देख लेता है, उससे अपनी तुलना करता है और उसे अपने से ज़्यादा पाता है तो वह उससे ईर्ष्या करने लगता है। सवाल है कि इंसान तुलना क्यों करता है? आखिर तुलना करने की यह भावना कहां से आई? हमारे भीतर तुलना का यह भाव अपने बचपन से आता है। बचपन में, मसलन जब हम 12 महीने के होते हैं और हमने चलना शुरू नहीं किया होता, जबकि पड़ोसी का बच्चा महज आठ महीने की उम्र में चलना शुरू कर देता है तो हमारे अभिभावक हमें चलने के लिए जोर देना शुरू कर देते हैं। वह हमें जल्दी चलना सीखने के लिए उकसाना शुरू कर देते हैं। इस तरह, अनजाने में ही वह हमारे भीतर प्रतिस्पर्द्धा के बीज बो देते हैं। धीरे-धीरे इन घटनाओं के माध्यम से ये बीज हमारे भीतर इतनी गहरी जड़ें जमा लेते हैं कि जैसे ही हम अपने से ज़्यादा किसी व्यक्ति को पाते हैं, उससे ईष्या करनी शुरू कर देते हैं।

दरअसल, ईर्ष्या दो तरह की होती है। जिस ईर्ष्या का उल्लेख चाणक्य ने ऊपर किया है, उसे काली ईर्ष्या कहते हैं। काली ईर्ष्या - जब आप अपने से अलग और बेहतर किसी व्यक्ति को देखते हैं तो उससे नफरत करना शुरू कर देते हैं और उसकी उपलब्धियों को या तो ध्वस्त करने की कोशिश करते हैं या फिर उन्हें नकारना शुरू कर देते हैं। चाणक्य यहां काली ईर्ष्या का जिक्र करने के साथ-साथ यह भी बता रहे हैं कि कैसे यह हमारे भीतर जन्म लेती है। एक और तरह की ईर्ष्या भी होती है, जिसे सफेद ईर्ष्या कहते हैं। सफेद ईर्ष्या - जब आप अपने से बेहतर तरक्की कर रहे किसी व्यक्ति को देखकर इस कदर प्रेरित होते हैं कि उसकी बराबरी करने की कोशिश करने लगते हैं। तब आप उसके मूल्यों, उसके सोचने के तरीके, उसकी उद्यमशीलता को आत्मसात करके उससे भी बड़ी उपलब्धियां हासिल करने की कोशिश में लग जाते हैं।

२८

यथा राजा तथा प्रजा।
प्रजा यानी जनता अपने राजा का अनुसरण करती है। अगर शासक (सरकार) अच्छा है तो प्रजा अपने आप अच्छी होगी।

इस श्लोक का तात्पर्य चाणक्य द्वारा रेखांकित राजा के कर्तव्यों की गहरी समझ से आता है। चाणक्य ने राजा के कर्तव्यों को निरोपित करते हुए कहा है कि राजा का कर्तव्य है कि वह अपनी प्रजा के कल्याण और भलाई को सुनिश्चित करे। चाणक्य का मानना है कि युद्ध न तो दूसरे देशों को नष्ट करने के लिए लड़े जाने चाहिएं और न ही अपना पिछला हिसाब चुकाने के लिए। युद्ध अगर करना भी पड़े तो उसका उद्देश्य अपने लोगों की भलाई या उनकी उन्नति होना चाहिए। चाणक्य यह भी अच्छी तरह समझते थे कि जब भी कोई अक्षम, भ्रष्ट व बेइमान सरकार होती है तो उसका ठीकरा जनता के सिर फूटता है। दूसरे शब्दों में, अकसर भ्रष्ट सरकार अपना निकम्मापन छुपाने के लिए जनता से कहती है कि तुम्हें वैसी ही सरकार मिली है, जैसी तुम खुद हो। अपने आने वाले समय में चाणक्य कितना सही साबित हुए। ब्रिटेन ने जब दुनियाभर के तमाम देशों पर अपना कब्जा कर लिया, उसके बाद जहां भी उसके कुशासन का विरोध होता तो अंग्रेज शासक हर बार यही दुहाई देते- 'जनता जिस लायक होती है, उसे वैसी ही सरकार मिलती है।' दरअसल, यह कहकर ब्रिटिश शासक बेहतर शासन देने की अपनी जिम्मेदारी से पल्ला झाड़ लेते थे। ऐसा कह कह कर दुनियाभर के तमाम देशों की दौलत चूस कर वह अपने देश ब्रिटेन ले जाते रहे। तकरीबन तीन सौ साल पहले कुल विश्व व्यापार का पचास फ़ीसदी से ज्यादा हिस्सा भारत और चीन से आता था, लेकिन जिस समय अंग्रेजों ने भारत छोड़ा उस समय भारत की हिस्सेदारी घट कर दो फ़ीसदी से भी कम रह गई। हाल ही में जाने-माने अर्थशास्त्री डेविड स्टेनगार्ट की एक किताब 'वॉर फॉर वेल्थ' आई है,

जिसमें उन्होंने लिखा है कि किस तरह अंग्रेजों ने दो सौ साल से भी ज़्यादा समय तक भारत को मरणासन्न स्थिति में रखा, ताकि वे उसकी दौलत लूट सकें। इस तरह अंग्रेजों ने हमारी सारी धन-दौलत चूस ली और हमें यहीं दलील देते रहे कि जनता जिस लायक होती है, उसे वैसी ही सरकार मिलती है। लेकिन अपने देश ब्रिटेन में ब्रिटिश सरकार का यह रवैया नहीं था, वहां उसने अपने लोगों के साथ पूरे जिम्मेदाराना ढंग से व्यवहार किया। वह अपनी जनता के लिए ऐसे बेहतरीन अजेंडे और चुनिंदा अवसर लेकर सामने आई, जिसे अपनाकर वहां के लोग अपना जीवन स्तर सुधार सकें। जिससे वहां के लोगों की भलाई हो सके। यहां तक कि ब्रिटिश सरकार ने वहां के सजायाफ्ता कैदियों, मुजरिमों और अपराधियों तक को ऑस्ट्रेलिया जा कर अपना जीवन सुधारने का एक मौका दिया। ब्रिटेन ने अपने यहां के ऐसे तमाम लोगों को ऑस्ट्रेलिया भेजा, ताकि वे लोग वहां जाकर अपना एक साम्राज्य खड़ा कर सकें। ब्रिटिश सरकार ने ऑस्ट्रेलिया में उन कैदियों की आर्थिक सहायता भी की। इस तरह भले ही अपने शासनकाल में ब्रिटिश सरकार दूसरे देशों में यह कहती रही हो कि जनता सरकार के लिए अजेंडे तय करती है, लेकिन वही सरकार ब्रिटेन में अपनी जनता के लिए खुद अजेंडे तय करती थी और उसे दिशा निर्देश देती थी।

अफसोस की बात है कि आजादी के बाद जब देश में सत्ता की बागडोर हमारे नेताओं के हाथ में आई तो उन्होंने भी यही डायलॉग 'जैसी जनता होती है, उसे वैसी ही सरकार मिलती है' मारना जारी रखा, जो उन्होंने अंग्रेजों से सीखा व सुना था। इस तरह वे भी देश की धन-दौलत चूसने में जुट गए। हमारे नेता इतने नासमझ और भोलेनाथ थे कि वे यह नहीं समझ सके कि इस डायलॉग को लिखने वाले लोग विदेशी आक्रांता थे और आज़ादी के बाद जो देश पर शासन चला रहे हैं, वे इसी भूमि की संतानें हैं।

चाणक्य का यह कथन काफी हद तक सच्चाई के करीब नजर आता है कि 'राजा को अजेंडा तय करना होगा और करना चाहिए'। दरअसल, चाणक्य इस कथन का मर्म बेहतर तरीके से जानते थे। प्रजा अपने राजा का अनुसरण करती है। राजा ही अपने राज्य के फैसलों को तय करता है। वह देश का भविष्य निर्धारित करता है। यह उसकी जिम्मेदारी है कि राज्य में सुशासन और सुव्यवस्था बनी रहे, वहां इतने अवसर मौजूद हों, ताकि देश का हर नागरिक उतपादन गतिविधियों में संलग्न हो सके, अंतरराष्ट्रीय संगठनों में वह देश अपने राष्ट्रीय हितों की रक्षा कर सके। साथ ही, वह राष्ट्र या शासन इतना मजबूत बन सके, जो अपनी सारी भीतरी व बाहरी चुनौतियों से निपट सके। यही वे तमाम जिम्मेदारियां हैं, जो किसी शासक, शासन या सरकार को उठानी पड़ती हैं और जिनसे बच कर वह भाग नहीं सकता।

कन्फ्यूशियस

का सामाजिक ज्ञान

भावानुवादः अरविंद भारद्वाज

भूमिका

चीन में कहा जाता है कि शरीर के कल्याण के लिए ताओ के सिद्धांतों को मानो, आत्मा के कल्याण के लिए बुद्ध के सिद्धांतों का पालन करो और समाज के कल्याण के लिए कन्फ्यूशियनिज़्म या कन्फ्यूशियस के ज्ञान को अपनाओ।

कन्फ्यूशियस चीन के एक ऋषि तुल्य व्यक्तित्व तथा सामाजिक चिंतक थे जिनके दर्शन ने पिछले ढाई हजार वर्षों में चीन, कोरिया तथा जापान सहित पूर्वी एशिया के अनेक देशों पर गहरी छाप छोड़ी है। परंतु कन्फ्यूशियस तथा उनके दर्शन (कन्फ्यूशियनिज़्म) के बीच का संबंध अति सूक्ष्म अथवा महीन है। कन्फ्यूशियस के जीवनकाल के दौरान उनके विचारों को नहीं स्वीकारा गया क्योंकि तत्कालीन चीनी समाज रूढ़िवादी था और उन ताओवादी सिद्धांतों से पूरी तरह सम्मोहित सा था जिनमें अकर्म का सिद्धांत सर्वोपरी था। जब कन्फ्यूशियस आए तो उन्होंने स्वधर्म की बात की, कर्म की बात की और यंत्रवत कर्म नहीं, ऐसे विवेकपूर्ण कर्म की बात की जिसका परिणाम होता है खुशहाल जनता तथा सुव्यवस्थित समाज।

कन्फ्यूशियस का सामाजिक ज्ञान कन्फ्यूशियस की समझ और विज़्डम गुरु पवन चौधरी द्वारा मानव प्रकृति की व्याख्या का अपूर्व संगम है जिसमें स्पष्ट होता है कि -
परिवार की इकाई, समाज के सदस्य और एक शासक के रूप में मनुष्य का व्यवहार कैसा होना चाहिए?
सामाजिक संबंधों में सामंजस्य कैसे स्थापित किया जा सकता है?
क्या कारण है कि कुछ समाज सफल रहे और कुछ असफल सिद्ध हुए?
सफल एवं समृद्ध समाजों से भारत क्या सीख सकता है?

इस पुस्तक का उद्देश्य है सामंजस्यपूर्ण संबंधों की कुंजी को पाठकों को उपलब्ध कराना।
पढ़ें और आनंद लें।

कन्फ्यूशियस का सामाजिक ज्ञान

१

सच्चाई स्वर्ग का मार्ग है।
शिक्षा मनुष्य को सच्चा बनने में मदद करती है,
स्वर्ग के मार्ग के प्रति समझ पैदा करके।
सच्चाई समझ पैदा करती है
और समझ से सच्चाई निश्चित हो जाती है।

कन्फ्यूशियस समाज तथा राष्ट्र का पक्ष लेने वालों में से हैं। इसलिए वे मुख्यतः बल देते हैं सच्चाई पर। कन्फ्यूशियस के अनुसार सच्चाई के तीन पहलू हैं। पहला और सर्वोच्च है निष्ठा, दूसरा है ईमानदारी और तीसरा है सत्यवादिता।

निष्ठा से कन्फ्यूशियस के मायने हैं वफादारी। ईमानदारी से उनके मायने हैं सही कर्म करना। सत्यवादिता से उनके मायने हैं सदा सच बोलना। परंतु कन्फ्यूशियस मानते हैं कि बिना ईमानदार हुए भी सत्यवादी हुआ जा सकता है। मान लो आप ऑफिस की तरफ से टूर पर जाते हैं। आप लौट कर कुल खर्चे का ब्यौरा प्रस्तुत करते हैं, पर जितना खर्च हुआ है उससे कहीं अधिक। आपको पूरी राशि दे दी जाती है, पर बाद में आपका मन नहीं मानता और आप जाकर अपने अधिकारी से सब सच कह देते हैं। आप अपना गुनाह कबूल कर लेते हैं। आप सत्यवादी तो सिद्ध हुए, पर ईमानदार नहीं। कन्फ्यूशियस की नजर में ईमानदारी या उचित कर्म का महत्व उतना ही है जितना कि सत्यवादिता का। इसलिए उनके लिए सच्चाई के मायने हैं निष्ठा, ईमानदारी एवं सत्यवादिता।

वे कहते हैं कि सच्चाई स्वर्ग का द्वार है। स्वर्ग से उनका अभिप्राय है ताओ अर्थात ब्रह्माण्ड को दिशा निर्देशित करने वाली शक्ति, ब्रह्माण्ड को दिशा निर्देशित करने वाला सिद्धांत। दूसरे शब्दों में कहा जाए तो अगर आप सच्चाई की राह पर चलते हैं तो आपका सामंजस्य ब्रह्माण्ड को दिशा निर्देशित करने वाली शक्ति के साथ हो जाता है।

कन्फ्यूशियस यह भी कहते हैं कि सच्चा बनने का प्रयत्न करना ही मनुष्य का धर्म है। उनके कहने का मतलब है कि सच्चा होने का प्रयास करना ही मनुष्यता है। सच्चाई की ओर बढ़ना ही मनुष्य की प्रकृति है। रोचक बात यह भी है कि इस सदी के सर्वोच्च मनोवैज्ञानिकों में से एक मार्टिन सैलिगमैन, जिन्होंने सुख का गहन अध्ययन किया है, भी इसी निष्कर्ष पर पहुंचे हैं। वे कहते हैं कि सुख का संबंध भोग से इतना नहीं है जितना कि व्यक्तिगत गुणों तथा चरित्र के

निर्माण से है। चरित्र अथवा सार्वभौमिक गुणों, जिनमें सच्चाई एक है, के विकास से ही जीवन में सुख एवं संतोष पैदा होते हैं। प्रतिभा हमारे वंश की द्योतक होती है, अर्थात अपनी वंशपरंपरा से हमने क्या गुण पाया यह बताती है। पर विकसित प्रतिभा, जैसे कि सच्चाई, हमारे अपने विषय में कुछ कहती हैं। सच्चाई ही स्थायी सुख प्रदान कर सकती है। जब आप सच्चाई की ओर बढ़ते हैं तो आप अपने मूल स्वभाव या प्रकृति से तादात्म्य स्थापित करते हैं और इससे आप विश्रांति को प्राप्त होकर सुख अनुभव करते हैं।

२

श्रेष्ठ मानव मितभाषी तथा अपने व्यवहार में गंभीर होना चाहता है। गुण कोई एक कोने में पड़ा आभूषण मात्र नहीं। जो उसको धारण करता है, उसको साथी जरुर मिलते हैं।

श्रेष्ठ पुरुष क्यों मितभाषी होना चाहेगा? श्रेष्ठ पुरुष कभी स्वयं को अतिबद्ध नहीं करता। जिसका अनुसरण वह स्वयं न कर सके, ऐसी बात नहीं करता। वह चाहता है कि वह जो कहे, उसे जीवन में भी उतारे। और वास्तविक विवेक का परिचय यही है कि जो बोलें वह करें, जो उपदेश दें उसको व्यवहार में भी लाएं तथा जो कहें उस पर स्वयं भी अमल करें। इससे लोगों का आप पर भरोसा बनता है। और वह भरोसा तब काम आता है जब परिस्थितियां आपके प्रतिकूल होती हैं। जब आपके व्यवहार का आपकी बातों से तादात्म्य होगा तो एक बार फिर आपका सामंजस्य ब्रह्माण्ड को दिशा निर्देशित करने वाली शक्ति के साथ हो जाएगा, ताओ के साथ हो जाएगा। जो कहा जाए उस पर अमल करने की इच्छा आपको समझदार तथा होनहार बनाती है। आप फिर झूठे वादे नहीं करेंगे। स्वयं को वचनबद्ध न करने का अर्थ यह नहीं कि कर्म से मुंह मोड़ा जा रहा है, अपितु इसका अभिप्राय है कहे गए से कहीं अधिक करके दूसरे को आश्चर्यचकित करना। इसी कारण एक श्रेष्ठ पुरुष मितभाषी होना चाहता है तथा व्यवहार में गंभीरता भरना चाहता है।।

कन्फ्यूशियस आगे कहते हैं कि गुण कोई एक कोने में पड़ा आभूषण मात्र नहीं है। जो उसको धारण करता है उसको साथी जरुर मिलते हैं। फूलों की खुशबू कभी भी हवा की दिशा के विपरीत नहीं बहती। पर गुणों की सुगंध हवा की दिशा के विपरीत भी बह सकती है। एक ईमानदार व्यक्ति इस सुगंध को हर दिशा में प्रवाहित करता रहता है। ऐसे व्यक्ति को इस सुगंध को फैलाने के लिए किसी वायु प्रवाह की आवश्यकता नहीं होती। ऐसा व्यक्ति स्वयं में एक ऐसी पनचक्की बन जाता है जो ब्रह्माण्ड की शक्ति से संचालित होती है। गुणों की सुगंध का यह प्रवाह एक चुंबक के समान काम करता है। अर्थात अन्य गुणी व्यक्ति इस सुगंध के कारण उसकी ओर खिंचे चले आते हैं।

३

एक श्रेष्ठ तथा सच्चे व्यक्ति की श्रेणी से निचली श्रेणी पर वे होते हैं
जो सच्चे बनने का प्रयत्न करते हैं।
पहले पहल वे अपने कर्मों तथा वचनों द्वारा
सच्चे बनने का प्रयत्न करते हैं।
एक बार वे सच्चाई की पराकाष्ठा प्राप्त कर लेते हैं तो उनकी
सच्चाई स्वयं बहिर्मुखी हो अभिव्यक्त होने लगती है।
यह अभिव्यक्ति सभी के द्वारा देखी जाती है और इसके फलस्वरूप
वे और अधिक सच्चे साबित होते हैं।
यह सच्चाई और लोगों को भी प्रेरित करती है तथा इस प्रकार वे
अन्य लोगों में बदलाव का कारण बनते हैं।

कन्फ्यूशियस उन लोगों की बात कर रहे हैं जो कि सच्चाई का मुखौटा पहने घूमते हैं। वे सच्चे होने का प्रयत्न करते हैं। इस श्रेणी के लोगों को कन्फ्यूशियस ने श्रेष्ठ से ठीक निचली श्रेणी में क्यों रखा? यह इसलिए कि उनका मानना है देर-सवेर यह मुखौटा ही वास्तविक चेहरा बन जाएगा। अर्थात सच्चाई स्वकेंद्र से परिधि की ओर नहीं, परिधि से केंद्र की ओर प्रवाहमान होगी।

पर एक बार वे सच्चाई की कसौटी पर खरे उतरेंगे तो उनकी सच्चाई बाहर की ओर अभिव्यक्त होने लगेगी और तब उस अभिव्यक्ति के साक्षी सभी होंगे तथा वे और भी अधिक सच्चे बनने की कोशिश करेंगे। क्यों सब उनकी सच्चाई के साक्षी होंगे? क्योंकि यह बड़ी खबर होगी कि एक व्यक्ति जो कि सच्चा नहीं है, वह सच्चा बनने की कोशिश कर रहा है। यह कोई बड़ी खबर नहीं कि एक सच्चा व्यक्ति सच्चाई के साथ जी रहा है। नये रूपांतरित हुए लोगों के कारण खबर बनती है चूंकि वे नया परिवेश धारण कर रहे हैं, स्वयं को परिवर्तित करने का प्रयास कर रहे हैं। और यह खबर अवश्य फैलेगी। क्योंकि वे नए-नए रूपांतरित हुए हैं इसलिए वे अपने नए धर्म का अधिक गंभीरता से पालन करते हैं। उनकी सच्चाई ऐसी होगी कि वह औरों को भी बदलने के लिए प्रेरित करेगी। और लोग इसलिए बदलेंगे क्योंकि वे देखेंगे कि सच्चे लोगों की संख्या बढ़ने लगी है। नए रूपांतरित लोगों को देख वे वैसा बनने को प्रेरित हो सकते हैं, इस विचार के साथ कि अगर इतने सारे लोग सच्चाई को अपना रहे हैं तो अवश्य ही इसमें कोई सार होगा।

४

एक श्रेष्ठतम सच्चा व्यक्ति भविष्यकथन कर सकता है।
जब राज्य में सुख–समृद्धि होने को होगी तो

कोई शुभ–शकुन यह बता देगा,
जब राज्य पर हमला होने को होगा तब भी कोई अपशकुन इसका संकेत कर देगा।
शुभ अथवा अशुभ भाग्य की भविष्यवाणी संभव है।
इसलिए एक श्रेष्ठतम् सच्चा व्यक्ति ईश्वर समान होता है।

आखिर क्यों एक श्रेष्ठतम् सच्चा व्यक्ति भविष्यकथन कर सकता है? क्योंकि सच्चाई का परिणाम होता है शांति, गहनतम् शांति। जब आप सच्चाई के साथ व्यवहार करेंगे तो आप गहन शांति को प्राप्त हो जाएंगे। इस शांत अवस्था के फलस्वरूप आप दो प्रकार के अंतर्बोध या इंटयूशन से जुड़ पाएंगे। चलिए पहले अंतर्बोध को ग्रे इन्टयूशन का नाम दे देते हैं। यह वह अंतर्बोध है जो कि प्राप्त होता है मस्तिष्क में संचित ज्ञान के कारण। अर्थात मस्तिष्क में मौजूद जानकारी या ज्ञान से इसका प्रादुर्भाव होता है। यह चेतना के स्तर पर हो सकता है या अवचेतन स्तर पर। कई बार तो इस तरह का अंतर्बोध कुछ इस प्रकार से उदित होता है कि व्यक्ति आश्चर्य में पड़ जाता है कि यह आया कहां से। यह आता है मस्तिष्क में संचित पूर्व जानकारी से। इस प्रकार का अंतर्बोध उम्र के साथ बढ़ता है और उन आजीविकाओं से संबंधित व्यक्तियों में अधिक पाया जाता है जिनमें जोखिम अधिक होता है। उदाहरणतः नर्सिंग, अग्निशमन जैसे कार्यों में इस प्रकार का अंतर्बोध बहुत तीव्र होता है। और जब व्यक्ति शांत होता है तो इससे संपर्क सरल होता है। अंतर्बोध अधिकतर ग्रे इन्टयूशन ही होता है।

एक और प्रकार का अंतर्बोध भी होता है इसी शांति की अवस्था में। इसे ब्ल्यू इन्टयूशन कहते हैं। ब्ल्यू इन्टयूशन का अर्थ होता है ब्रह्माण्डीय चेतना से संपर्क द्वारा ज्ञान प्राप्त करना। इसे कार्ल जंग ने सामूहिक मानव चेतना कहा था। आप बह्माण्ड से एक हो जाते हैं और ब्रह्माण्डीय ज्ञान को प्राप्त करने के माध्यम बन जाते हैं। ऐसा अंतर्बोध बहुत दुर्लभ होता है।

हालांकि अंतर्बोध का अधिकांश भाग ग्रे इन्टयूशन होता है, सच्चा व्यक्ति शांत अवस्था में ब्ल्यू इन्टयूशन से भी जुड़ सकता है। इसलिए सच्चा व्यक्ति ईश्वर तुल्य होता है। कन्फ्यूशियस सच्चाई को महत्वपूर्ण मानते हैं। उनके लिए सच्चा व्यक्ति किसी इष्ट से कम नहीं। आगे हम देखेंगे कि सच्चाई का प्रादुर्भाव किस प्रकार होता है और वह समाज के कल्याण के लिए कितनी महत्वपूर्ण है।

५

एक श्रेष्ठ पुरुष सदा शर्म के भाव को उपल्बध रहता है।
शर्म वफादारी की परछाई है।

वफादारी का अर्थ है निष्ठा।
जब आप निष्ठावान नहीं होते तो आप शर्मिंदगी अनुभव करते हैं।
वफादारी का अर्थ है ईमानदारी।
जब आप ईमानदार नहीं होते तो आप शर्मिंदगी अनुभव करते हैं।
वफादारी का अर्थ है सत्यवादिता।
सत्यवादिता का अर्थ है साहस। अगर आप साहसी नहीं हैं,
अगर आप सत्यवादी नहीं हैं तो आप शर्मिंदगी अनुभव करते हैं।

कन्फ्यूशियस शर्म के भाव पर इतना जोर क्यों देते हैं?
शर्मिंदगी का अनुभव होना अच्छी बात है या बुरी बात?

कन्फ्यूशियस के अनुसार श्रेष्ट पुरुष शर्मिंदगी के एहसास से अनभिग्य नहीं होता। शर्म मनुष्य को वफादारी की ओर अग्रसर करती है। वर्तमान का पश्चिमी मनोविज्ञान भी इस बात की पुष्टि करता है कि शर्मिंदगी का भाव शुभ है क्योंकि शर्मिंदगी आपके विकास में सहयोगी सिद्ध होती है।

जब हम निष्ठावान नहीं होते तो हम शर्मिंदा महसूस करते है। यह वह अवस्था होती है जिसमें हम स्वयं से संघर्ष न करना सीखते हैं। परंतु जब हम शर्मिंदगी के अनुभव में उतरते हैं तो हमारा विकास होता है। शर्मिंदगी मन का एक अंधकारमय भाग है और मन के अंधकारपूर्ण भागों में उजियारा करके ही हमारा विकास होता है। शर्मिंदगी का अंधकारपूर्ण मनोभाग मानव चरित्र के निर्माण की प्रयोगशाला है। वह एक गर्भ के समान है। जिस प्रकार गर्भ के अंधकार से जीव जन्म लेता है, उसी प्रकार शर्मिंदगी का अंधकार जीवन को उत्थान की ओर अग्रसर करता है।

उदाहरणतः जब आप कायरता से पेश आते हैं तो आप शर्मिंदा महसूस करते है। फिर आप संकल्प लेते हैं कि अगली बार आप कायरता नहीं दिखाएंगे। इस संकल्प का उद्भव कहां होता है? इसका जन्म होता है शर्मिंदगी की मिट्टी में। इस प्रकार शर्मिंदगी आपका विकास करती है और इसीलिए कन्फ्यूशियस शर्मिंदगी को शुभ मानते हैं।

कन्फ्यूशियस वफादारी के बड़े समर्थक हैं और मानते हैं कि वफादार व्यक्ति अवश्य सफल रहता है। इसका एक कारण यह भी है कि वर्तमान आधुनिक समाज विश्वास के स्तंभ पर टिका है। विश्वास पैदा होता है सच्चे आचरण से। जिस पर भी विश्वास अधिक होगा, उसके अधिक सहयोगी होंगे। लोग ऐसे व्यक्ति से जुड़ना पसंद करते हैं तथा उसके साथ सामाजिक व्यवहार करना पसंद करते हैं। कन्फ्यूशियस की यह धारणा समय-समय पर सही सिद्ध हुई है। महान युरोपियन समाजशास्त्री मैक्स वैबर ने भी कहा है कि प्रोटेस्टैंट व्यापारियों की विश्वसनीयता ही उनकी सफलता का राज़ था। क्योंकि उन पर विश्वास किया जा सकता था इसलिए उनका

व्यापार खूब फला-फूला। जैसे-जैसे मानव सभ्यता का विकास हुआ है, कन्फ्यूशियस की धारणाएं बार-बार सही सिद्ध हुई हैं। और कन्फ्यूशियस के ज्ञान का मूल मंत्र है वफादारी।

६

जब राज्य में एक सक्षम सरकार का राज हो तो इससे अधिक लज्जापूर्ण कोई बात नहीं कि व्यक्ति केवल अपनी आमदनी या वेतन के विषय में सोचे; और यदि असक्षम सरकार का राज हो तो भी इससे अधिक लज्जापूर्ण कोई बात नहीं कि व्यक्ति केवल अपनी आमदनी या वेतन के विषय में सोचे।

यहां कन्फ्यूशियस मानव को उसकी लोभी प्रवृति के प्रति सचेत कर रहे हैं। वे कहते हैं कि जब सरकार अच्छी हो, या आपका मालिक अच्छा हो, तो केवल वेतन की चिंता करना लज्जापूर्ण बात है।

एक अच्छा मालिक कौन होता है?

पहली बात तो यह कि एक अच्छे मालिक का अपने व्यापार में उच्च ध्येय होता है। बेशक ध्येय मुनाफा हो, पर होगा सिद्धांतों पर चल कर अर्जित मुनाफा, नाकि कोरा मुनाफा। दूसरी बात यह कि एक अच्छा मालिक वफ़ादार भी होता है। वह न केवल अपने कर्मचारियों से वफादारी की उम्मीद करता है, बल्कि वह उन कर्मचारियों के प्रति स्वयं भी वफादार रहता है। एक अच्छा मालिक जानता है कि नए कर्मचारियों से एकदम से वफादारी की उम्मीद नहीं की जा सकती। नए कर्मचारी अपने मालिक के व्यवहार को देखते हैं और जब उनको लगता है कि उनका मालिक विश्वास के काबिल है तो वे वफादारी दिखाने लग जाते हैं।

इसलिए जब सरकार अच्छी हो या मालिक अच्छा हो, तो केवल वेतन की सोचना या वेतन के लिए काम करना लज्जापूर्ण बात है। अगर आप केवल वेतन के विषय में सोचते हैं, तो मालिक को आपकी इस सोच का पता लगते ही उसके मन में आपके लिए आदर समाप्त हो जाएगा। अगर आप ऐसे मालिक को छोड़ देते हैं या अधिक वेतन के लालच में किसी अन्य व्यक्ति के यहां जाकर काम करने लगते हैं तो भी आपका नुकसान हो सकता है। आगे चलकर हो सकता है कि आप पाएं कि यह कदम आपके लिए हानिकारक ही सिद्ध हुआ है।

इसी प्रकार, कन्फ्यूशियस कहते हैं कि अगर असक्षम सराकर का राज हो तो भी मात्र वेतन के लिए काम करते रहना लज्जापूर्ण बात है। अर्थात जब सरकार असक्षम है या मालिक बेकार है तो आप उससे बस इसलिए बंधे रहते हैं कि उससे आपको अच्छा वेतन मिलता है। उस स्थिति में आपके व्यक्तित्व की कोई विशिष्ट छवि नहीं बनाई जा सकती। फिर आप एक ऐसे

कार्यकलाप का भाग हुए जिसमें सिद्धांतों का कोई मोल नहीं। इसका साफ अर्थ हुआ कि आप अनैतिकता का साथ सिर्फ इसलिए दिए जा रहे हैं क्योंकि आपको वेतन का लालच है या फिर वह अनैतिक मालिक आपको मुंह मांगा वेतन दे सकता है। यह स्थिति भी लज्जापूर्ण तथा अविवेकपूर्ण ही है, क्योंकि भविष्य में कभी भी आप उसकी अनैतिकता का शिकार होकर मुसीबत में फंस सकते हैं।

७
पूर्ण गुण संपन्नता का लाभ केवल उसे प्राप्त करने वाले को ही नहीं औरों को भी होता है।

कन्फ्यूशियस का कहना है कि चरित्र (गुण संपन्नता) का लाभ उसे धारण करने वाले को ही नहीं औरों को भी होता है। पहले यह जानना आवश्यक है कि चरित्र निर्माण होता कैसे है। चरित्र का निर्माण होता है दो विपरीत शक्तियों के अनूठे संघर्ष के फलस्वरूप - आत्म उत्थान की इच्छा तथा सामाजिकता का भाव। जब इन दो विपरीत शक्तियों, अर्थात आत्म उत्थान की चाह तथा अन्य लोगों के लिए कुछ करने की इच्छा, का आपसी संघर्ष होता है तो चरित्र का निर्माण होता है। यानि अगर चरित्र का निर्माण मानव स्वार्थ तथा सामाजिकता की भावनाओं के संघर्ष के फलस्वरूप होता है, तो उस चरित्र से मानव के स्वार्थ तथा समाज की जरूरतों दोनों की ही पूर्ति होनी चाहिए।

चरित्र निर्माण से मानव की स्वार्थ पूर्ति किस प्रकार होती है?

एक बात जो मैंने पहले भी कही है वह यह कि चरित्र निर्माण से सुख प्राप्त होता है। पश्चिम में हुए शोध से निष्कर्ष यह निकला है कि जब आप अपने चरित्र का निर्माण करते हैं तो आप सुखी एवं संतुष्ट रहते हैं। यह एक उदाहरण है कि गुणों के मार्ग पर गतिशील व्यक्ति के लिए चरित्र किस प्रकार लाभदायक सिद्ध होता है। चरित्र निर्माण का एक अन्य लाभ भी है। संसार आज प्रतिस्पर्धा के दौर से निकल कर आपसी सहयोग के दौर की ओर बढ़ रहा है। जब संसार में आज प्रतिस्पर्धा के स्थान पर आपसी सहयोग पर जोर दिया जा रहा है, तो पहला प्रश्न यह उठता है कि आप किसके साथ आपसी सहयोग का वातावरण बनाना चाहेंगे? क्या आप ऐसे व्यक्ति के साथ आपसी सहयोग का संबंध बनाना चाहेंगे जो दुश्चरित्र है या फिर ऐसे के साथ जो कि सच्चरित्र है? स्वाभाविक है कि आप सच्चरित्र व्यक्ति के साथ आपसी सहयोग का संबंध बनाना चाहेंगे। इसलिए एक सच्चरित्र व्यक्ति के साथ जुड़ने को तत्पर अनेकों मिल जाएंगे क्योंकि सच्चरित्र व्यक्ति विश्वास के काबिल होता है। उसके लिए विश्वसनीयता आपसी सहयोग का संबंध स्थापित करने वाली कुंजी है। इसलिए विश्वसनीयता और गुणों से उसको लाभ होता है।

ऐसा व्यक्ति समाज के लिए भी लाभकारी सिद्ध होता है क्योंकि उसके सच्चरित्र व्यवहार से सामाजिक कल्याण तथा आपसी सद्भाव को बढ़ावा मिलता है। अपने सच्चरित्र व्यवहार से व्यक्ति समाज को ऊंचा उठाता है तथा स्वयं का भी उत्थान करता है। एक बार इज़रायल की प्रधानमंत्री गोल्डा मेअर से किसी ने पूछा, "आप तो विद्यालय में मात्र एक अध्यापिका थीं और आप इज़रायल की प्रधानमंत्री बन गईं। पहले इज़रायल इतना सशक्त राष्ट्र भी नहीं था। पर आपके प्रधानमंत्री बनने के बाद आपने इसे इतना शक्तिशाली बना दिया है। हमें बताएं कि आपने यह कैसे संभव कर दिखाया?" इस पर उनका उत्तर था, "मेरी मेज़ पर एक पट्टिका है जिस पर लिखा है - अगर मैं स्वयं की न हो सकी तो कोई मेरा क्या होगा? और अगर मैं सिर्फ स्वयं की हो कर रह गई तो फिर मैं क्या हूं? इसलिए जब मैंने जान लिया कि अगर मैं स्वयं की नहीं हुई तो कोई मेरा क्या होगा, तो मैंने स्वयं का उत्थान किया और इज़रायल की प्रधानमंत्री हो गई। और चूंकि मैं औरों की भी थी, चूंकि मैंने जान लिया था कि अगर मैं सिर्फ स्वयं की हो कर रह गई तो फिर मैं क्या हूं इसलिए मैंने इज़रायल का भी उत्थान किया और उसे विश्व के सबसे शक्तिशाली राष्ट्रों की पंक्ति में ला खड़ा किया।"

८

गहरे पानी में होने पर भी मछलियां ऊपर से दिखाई पड़ जाती हैं।

कन्फ्यूशियस इस सूक्ति में सच्चरित्र व्यक्ति को संबोधित कर रहे हैं। वे कहते हैं कि सच्चरित्र व्यक्ति भले ही समझे कि वह समाज की नजर से दूर है फिर भी लोग उसे देख रहे होते हैं। इसलिए जब आप अकेले हों तो भी अपने आप को खरी कसौटी पर ही रखें। जब आप अकेले हों तो भी ऐसा व्यवहार न करें या कुछ ऐसा न करें जिसके बारे में आप सार्वजनिक तौर पर बात न कर सकें या जिसके विषय में आप चाहें कि किसी को पता न चल जाए। इसका कारण है कि आप उस मछली के समान हैं जो कि गहरे पानी में होने के बावजूद दिखाई पड़ जाती है। जब आप अकेले होते हैं तब भी किसी न किसी की नजर आप पर होती ही है। इसलिए अकेले होने पर भी आपका व्यवहार उचित होना चाहिए।

इसके अतिरिक्त ईश्वर के समक्ष भी आपकी चेतना बेदाग हो इसके लिए आपका आचरण शुद्ध होना चाहिए। आपको ऐसे जीना चाहिए जिससे कल आपको अपना चुगलखोर तोता अगर किसी गपबाज़ को बेचना भी पड़े तो आपको तनिक भी हिचक न हो।

९

उसी पुरुष को पूर्ण कहा जा सकता है जो लाभ के समय भी नैतिकता का ध्यान रखे,

**जो संकट या खतरे के समय भी
अपना जीवन न्यौछावर करने को तत्पर रहे
तथा जो कभी भी दिए गए वचन को न भूले,
बेशक वचन दिए कितना ही समय क्यों न गुजर गया हो।
ऐसे ही व्यक्ति को पूर्ण पुरुष कहा जा सकता है।**

कन्फ्यूशियस कहते हैं कि केवल सदाचारी होना काफी नहीं है। आवश्यक है बड़े से बड़े प्रलोभन के समय भी नीतिवान बने रहना। अपने सिद्धांतों के लिए अपना जीवन कुरबान कर देने के लिए केवल शांति के समय ही नहीं खतरे के समय भी आपको तैयार रहना चाहिए। और वचन बहुत पहले दिया गया था इस कारण अपने वचन से फिरना नहीं चाहिए। समय चाहे कितना ही क्यों न बीत गया हो, अगर आपने कोई वचन दिया है तो उस पर आपको अडिग रहना चाहिए। केवल इन कसौटियों पर खरे उतरने वाले व्यक्ति को पूर्ण पुरुष माना जा सकता है।

कन्फ्यूशियस के मन में उस व्यक्ति के लिए अपार श्रद्धा है जो सिद्धांतों के आगे लाभ की बलि चढ़ा देता है। उनकी नजर में वह व्यक्ति अत्यंत बुद्धिमान है जो सदाचार के आगे लाभ की बलि चढ़ा दे। क्योंकि कन्फ्यूशियस मानते हैं कि जब आप उच्च सिद्धांतों के साथ जीवन यापन करते हैं तो अपने अच्छे आचरण से आप शनैः शनैः एक इमारत तैयार करते हैं। यह इमारत शुरु में तो मंदिर-नूमा नज़र आती है पर परिपूर्ण होने पर एक अभेद्य किला बन कर आपकी रक्षा करती है। आप का भगवा चोला एक अभेद्य कवच बन जाता है। कन्फ्यूशियस मानते हैं कि यही स्वर्ग का, तथा शांति एवं सुख का मार्ग है।

१०

**जो व्यक्ति अपने चरित्र के बल पर पूर्णतः नियंत्रित रहता है
वह ध्रुव तारे के समान है
जो कि अपने स्थान पर स्थिर रहता है
और अन्य तारे उसके चारों ओर घूमते हैं।**

यहां कन्फ्यूशियस कहना चाहते हैं कि ऐसे बहुत कम लोग हैं जो अडिग इच्छा शक्ति युक्त होते हुए एक नियमित मार्ग पर आगे बढ़ पाते हैं। अधिकतर तो उन सूखे पत्तों के समान होते हैं जिन्हें हवा किसी भी दिशा में उड़ा ले जाती है।

चरित्रवान व्यक्तियों में मानो एक सटीक दिशा सूचक या कम्पस लगा होता है, जो उनको उच्चता की ओर अग्रसर करता रहता है। धीरे-धीरे और लोग उनकी ओर आकृष्ट होने लग जाते हैं। ऐसे ही लोग होते हैं जो महान कहलाते हैं और इन्हीं चरित्रवान व्यक्तियों को लेकर दंतकथाएं लिखी जाती हैं। चरित्रवान व्यक्तियों को महान इसलिए माना जाता है क्योंकि बाकि

सब उनके पदचिन्हों पर चलने का प्रयास करते हैं। ठीक उसी प्रकार जैसे अपने स्थान पर अडिग ध्रुव तारे के चहुं ओर बाकि सभी तारे चक्कर काटते रहते हैं।

११

गीतों की पुस्तक कहती है, चरित्रवान व्यक्ति को मैं हमेशा स्मरण करता हूं, हालांकि वह न तो कोई आदेश देता है और न ही भावुकता प्रकट करता है।

कन्फ्यूशियस के अनुसार लोगों को आदेश देकर या भावुक करके कुछ करने को प्रेरित करना सबसे हीन कर्म है।
दो प्रकार के लोग आपका फायदा उठाते हैं - एक वे जो आपको डराते हैं और आपको आदेश देकर कुछ करने को बाध्य करते हैं तथा दूसरे वे जो चालबाज़ होते हैं और फ़ुसला कर या भावुक बना कर कुछ करवाना चाहते हैं। दोनों ही प्रकार के लोगों को कोई पसंद नहीं करता। जब वे आसपास होते हैं तो वातावरण अशांत हो जाता है।

पहले है जो आपको भय से काबू में करने वाला जो कि बल द्वारा आपको झुकाता है। वह डरा कर अपना आदेश मानने को बाध्य करता है।

दूसरा है चालबाज़ जो चालाकियां करता है। वह उलझाने में विश्वास रखता है। वह स्वयं को ऐसा बतलाने या दिखाने का प्रयत्न करता है जैसा वह है नहीं। वह भेड़ की खाल में भेड़िया होता है। वह दोस्त के भेष में ठग होता है। वह ठग लेगा परंतु ठगे जाने वालों को पता भी नहीं लगेगा कि वे ठगे गए।

न तो हमें पसंद है कि कोई हम पर हुक्म बजाए और न ही हम चाहते हैं कि कोई हमें भावुक बना कर हमसे चालबाजी करे। इसलिए कन्फ्यूशियस कहते हैं कि लोगों को आदेश देकर या भावुक करके कुछ करने को प्रेरित करना सबसे हीन कर्म है। वे इन तरीकों का समर्थन नहीं करते। जब हम भावनाओं द्वारा लोगों को नियंत्रित करने का प्रयत्न करते हैं तो हम स्वयं के प्रति सहानुभूति जाग्रत करने की कोशिश करते हैं या दूसरे की भावनाओं से खेलते हैं। पर दूसरा व्यक्ति निश्चिंत अनुभव नहीं करता। कहीं न कहीं वह हमारे ढोंग को ताड़ लेता है और जान लेता है कि औरों पर नियंत्रण जमाने के लिए स्वांग रचा जा रहा है। हो सकता है वह हमारा कहा मान ले और जो कहा है वो कर भी दे, पर उसके ज़हन में हमारी याद सुखद नहीं होगी। वह उस व्यक्ति को याद रखना चाहेगा जो उसे निश्चिंतता प्रदान कर सके तथा जो उसे उसकी प्रतिभा के प्रति जागरुक करके आगे बढ़ने और सफलता पाने के लिए प्रेरित करे।

१२

ज्ञानी पुरुष उलझनों से,
चरित्रवान चिंता से और
साहसी भय से मुक्त होता है।

कन्फ्यूशियस कहते हैं कि ज्ञानवान लोग उलझनों से मुक्त होते हैं क्योंकि वे बिना इधर-उधर देखे सीधे मार्ग पर अग्रसर रहते हैं। वे कभी असमंजस में नहीं पड़ते। क्योंकि वे विवेकवान होते हैं इसलिए वे पहले ही सब सोच-विचार कर लेते हैं। उनको उलझनों का सामना नहीं करना पड़ता।

कन्फ्यूशियस का मानना है कि चरित्रवान लोग चिंता से मुक्त होते हैं। चलिए चरित्रवान तो चिंता से मुक्त होता है, परंतु अचरित्रवान क्यों चिंतित रहता है? क्योंकि उसने ऐसे कर्म किए होते हैं जिन्हें वह छिपाने की कोशिश करता रहता है। अगर उसके कर्म उजागर हो जाएं, तो उसके पकड़े जाने और सजा मिलने की संभावना रहती है।

साहसी लोग इसलिए भय से मुक्त होते हैं क्योंकि साहस या निडरता एक प्रकार का विश्वास है। यह विश्वास भय को जीत लेता है और उस भय को हमेशा के लिए पराजित कर देता है। कन्फ्यूशियस कहते हैं कि साहसी लोग भय से मुक्त होते हैं क्योंकि वे सदा उस विश्वास की छत्रछाया में आगे बढ़ते हैं।

१३

स्वयं को परिष्कृत करने के लिए
मनुष्य को सही मार्ग का अनुसरण करना चाहिए।
और सही मार्ग का अनुसरण करने के लिए
उसे आरंभ करना चाहिए दया और परोपकार से।
परोपकारी होने का अर्थ है लोगों के प्रति प्रेम होना।
सबसे बड़ी परोपकारिता होती है अपने माता–पिता को प्रेम करना।
न्याय का अर्थ है हर एक से अच्छा व्यवहार करना।
सबसे उच्च न्याय होता है ज्ञानी और गुणवान की कद्र करना।

कन्फ्यूशियस बताते हैं कि मनुष्य स्वयं को कैसे परिष्कृत कर सकता है। इसके लिए उसको सही मार्ग का अनुसरण करना चाहिए। यह स्वर्ग का मार्ग है। और सही मार्ग का अनुसरण करने के लिए उसे शुरुआत करनी होगी दया और परोपकार से।

दया क्यों?

दया या कृपा वह स्त्रोत है जिससे अनेकों गुणों का उदय होता है। अगर हम एकचित्त होकर दया जीवन में उतारते हैं तो कई और गुण स्वतः ही फूट पड़ते हैं। अगर हम दयालू हैं तो हम निष्पक्ष, शिष्ट, उदार, प्रेममय तथा दूसरों के भावों को समझने वाले भी होंगे। इस प्रकार दया अनेकों गुणों की जननी है और इसीलिए कन्फ्यूशियस कहते हैं कि शुरुआत दया से हो और फिर परोपकार से।

परोपकारी होने का अर्थ है लोगों से प्रेम करना। वे कहते हैं कि सबसे बड़ा परोपकार है अपने माता-पिता से प्रेम करना।
अपने माता-पिता से प्रेम करना क्यों सबसे बड़ा परोपकार है?

पहली बात तो यह कि बचपन के मनमुटाव के कारण, ऐसा करना कठिन है। यह मनमुटाव अकसर बेटे और पिता के बीच आ खड़ा होता हैं। पिता चाहे तीस साल का हो, या चालीस का या फिर पचास का, वह अकसर बेटे के प्रति कठोर होता है। अकसर वह एक तानाशाह की तरह व्यवहार करता है। उसका बरताव एक हिंसक पशु से कुछ कम नहीं होता। जब बेटा बड़ा होता है तो वह पिता के प्रभुत्व को चुनौती देने लगता है। जब वह व्यस्क हो जाता है और स्वतंत्र जीवन जीने लगता है तो वह पिता का विरोध भी करने लग जाता है। तो बचपन के मनमुटाव के कारण माता-पिता से प्रेम करना कठिन होता है। फिर उम्र का भी पहलू है। जिस प्रकार संसार में जातिवाद विद्यमान है, उसी प्रकार आयुवाद या उम्रवाद भी मौजूद है। जैसे-जैसे उम्र बढ़ने लगती है, समाज में कद्र कम होने लग जाती है। हालांकि हम अकसर यह कहकर बूढ़ों और शिशुओं को समान बताते हैं कि दोनों ही हम पर निर्भर हैं। परंतु शिशु अबोध और प्यारे लगते हैं और साथ ही उनका स्वभाव बूढ़ों की अपेक्षा लचीला होता है। कन्फ्यूशियस वास्तविकता से परिचित हैं और वे जानते हैं कि अकसर माता-पिता से प्रेम करना कितना कठिन है। इसलिए वे कहते हैं कि उच्चतम् प्रेम या यों कहें कि प्रेम की पराकाष्ठा है अपने माता-पिता से प्रेम। वे यह भी जानते हैं कि माता-पिता से प्रेम करना परम आवश्यक भी है, भले ही स्वार्थ के कारण।

ग्रीस के दार्शनिक पाइथॉगोरस ने कहा है कि अगर आपका अपने सगे-संबंधियों के साथ सामंजस्य है तो आप जीवन में उच्चतम् सफलता प्राप्त कर सकते हैं। कहने का अर्थ है कि व्यक्ति को एक अच्छा पुत्र, अच्छा जीवन साथी, एक अच्छा पीता, न्यायसंगत भाई और वफादार दोस्त होना चाहिए। (कन्फ्यूशियस ने इसमें इतना और जोड़ दिया है कि व्यक्ति को अच्छा शासक और अच्छा नागरिक भी होना चाहिए।) अगर आपमें ये सब गुण हैं तो आपका अपने सगे संबंधियों के साथ सामंजस्य है और फिर आप जीवन में कुछ भी करते हैं तो शांत और संतुलित मन से करते हैं। फिर स्वतः ही सफलता आपके कदम चूमती है और फिर जब आप जीवन-रूपी फुटबॉल को गोल की ओर किक करते हो तो फुटबॉल के मशहूर खिलाड़ी

डेविड बैक्हैम की बॉल की तरह तिरछी होकर गोल मे जा घुसती है। यह भी एक कारण है कि कन्फ्यूशियस माता-पिता के प्रति परोपकार को सबसे उच्च क्यों मानते हैं।

माता-पिता से प्रेम करने के लिए पहले उन्हें क्षमा करना आवश्यक है। जैसे-जैसे बच्चा बड़ा होता है उसके मन में कुछ वैमनस्य घर कर जाता है। जब वह थोड़ा और बड़ा होता है तो पहले तो वह विरोध करता है और फिर समझ जाता है कि सभी व्यस्क अपूर्ण होते हैं। जब वह स्वयं एक विवेकवान व्यस्क बन जाता है तो वह अपने माता-पिता को क्षमा कर देता है और अंततः उनका विरोध करने के लिए स्वयं को भी माफ़ कर देता है। तब जाकर वह विवेकवान होता है।

इसके अतिरिक्त यह भी सही है कि एक ज्ञानवान व्यक्ति जल्दी ही क्षमा कर देता है। कन्फ्यूशियस चाहते हैं कि आप अपने माता-पिता से प्रेम करें क्योंकि आप उनको प्रेम करने के प्रयास में क्षमा की सीढ़ियों से होकर गुजरेंगे और यह अनुभव आपको परिष्कृत कर देगा। क्षमा आपका विकास करती है क्योंकि जिस मनमुटाव की भावनाओं के बोझे को आप ढोते फिर रहे हैं, यह उससे छुटकारा दिला दे देती है। अगर आप अपने माता-पिता को माफ नहीं करते तो आप पुरानी बातों में ही उलझे रहेंगे।

कन्फ्यूशियस आगे कहते हैं कि न्याय का अर्थ होता है अच्छा व्यवहार करना। न्याय का अर्थ है निष्पक्षता। सबसे उच्च न्याय है ज्ञानी और गुणवान लोगों की कद्र करना। पहली बात तो यह कि ज्ञानी और गुणवान लोग अकसर आपकी गलतियों को उजागर करते हैं। इसलिए अगर आप निष्पक्ष हैं तभी आप सही दृष्टिकोण अपना पाएंगे। दूसरी बात यह कि अकसर ज्ञानी और गुणवान लोगों पर निंदा करने वाले लोग आघात करते हैं उनके बारे में झूठी अफवाहें फैला कर। ऐसे लोग आपके भी कान भर सकते हैं। इसलिए अगर आप ज्ञानी और गुणवान लोगों की कद्र कर पाते हैं तो आप सचमुच न्यायवान हैं।

१४

**संसार में पांच संबंध हैं जो कि सबसे महत्वपूर्ण हैं –
शासक और शासित
पिता और पुत्र
पति और पत्नी
भाई और मित्र
बुजुर्ग और युवा।
इन संबंधों को बनाए रखने और इनमें सुधार का आधार हैं
तीन गुण – ज्ञान, परोपकार और साहस।**

ज्ञान या विवेक का अर्थ है किसी भी बात में दूरदर्शिता का होना। किसी भी चीज को सही

परिपेक्ष्य में देखना और फिर सच्चा, सही और दूरदर्शितापूर्ण निर्णय लेना। युगों की सूझबूझ के योग का निचोड़ है यह ज्ञान जिसमें कि बुद्धिमत्ता के अनेकों आयाम शामिल हैं - तर्क, सहज बोध, अंतर्दृष्टि, हृदय एवं आत्मा।

सच्चा ज्ञान पूर्व के अनुभवों या इतिहास पर आधारित होता है और साथ ही वह भविष्य के परिणामों का पूर्वानुमान लगाने में सक्षम होता है। वह स्वार्थ और परमार्थ में संतुलन स्थापित करता है। वह व्यक्ति को अपना कार्य संपन्न करने तथा जीवन के साथ समन्वय स्थापित करने में सहायता करता है। ज्ञान इन पांच संबंधों - शासक और शासित, पिता और पुत्र, पति और पत्नी, भाई और मित्रों, बुजुर्ग और युवा - को मधुर बना देता है। अगर ये संबंध अच्छे बने रहें तो समाज भी अबाध रूप से गतिशील बना रहता है। ज्ञान इन संबंधों के सुचारू रूप से चलने में सबसे महत्वपूर्ण तत्व सिद्ध होता है।

दूसरा तत्व है परोपकार, जिससे कन्फ्यूशियस का मतलब है प्रेम। और देखा जाए तो इसका अर्थ किसी हद तक दया और सहिष्णुता भी होता है। समाज के अबाध रूप से गतिशील बने रहने के लिए सहिष्णुता की आवश्यकता होती है।

तीसरा तत्व है साहस। कन्फ्यूशियस जानते हैं कि परोपकार और प्रेम के साथ अनुशासन का होना जरूरी है। अनुशासित कर्म करने के लिए भी साहस चाहिए। नहीं तो मानव प्रकृति कुछ ऐसी है कि वह प्रेम का सही मोल नहीं आंक पाती और उसे एक कमज़ोरी समझ बैठती है।

१५

पूर्ण चरित्र का अर्थ है
हर परिस्थिति में इन पांच गुणों के अभ्यास में लगे रहने की क्षमता। ये पांच गुण हैं –
गुरुत्व, आत्मा की उदारता, सच्चाई, निष्ठा और दया।

कन्फ्यूशियस जानते हैं कि अगर आप आत्म गौरव युक्त हैं तो आप सभी का दिल जीत लेंगे। इसलिए वे गुरुत्व पर जोर देते हैं। वे आत्मा की उदारता का परामर्श देते हैं क्योंकि वे जानते हैं कि अगर आप उदार हैं तो आपकी विजय सर्वत्र निश्चित है। तीसरी बात वे कहते हैं कि आपको सच्चा होना चाहिए। अगर आप सच्चे हैं तो और लोग आप पर भरोसा करेंगे। चौथी बात यह कि अगर आप निष्ठावान (दृढ़ तथा उत्साहपूर्ण) हैं तो आप बहुत सी सफलता अर्जित कर पाएंगे। और पांचवी बात यह कि अगर आप दयालू हैं तो आप औरों से सेवा ले पाएंगे। और लोग आपके पास आएंगे और आपके लिए काम करने को उत्सुक होंगे। फिर अपनी दया

के कारण आप अपने लक्ष्य की ओर तीव्रता से बढ़ पाएंगे। इसलिए कन्फ्यूशियस गुरुत्व, आत्मा की उदारता, सच्चाई, निष्ठा और दया पर इतना बल देते हैं।

१६

एक राज्य के प्रशासन के लिए नौ सिद्धांत आवश्यक हैं।
अपने नैतिक चरित्र का निर्माण,
गुणवान लोगों की कद्र,
संबंधियों के साथ मधुर संबंध,
उच्च अधिकारियों का आदर,
सभी अधिकारियों के प्रति समझ एवं सहानुभूति,
जन सामान्य का ख्याल रखना,
सभी प्रकार के श्रमिकों के प्रति लगाव,
दूरस्थ लोगों को संतुष्ट रखना
तथा सामंतों के विषय में सोचना।

राज्य के सफल प्रशासन के लिए कन्फ्यूशियस ने जो नौ सिद्धांत गिनाए हैं चलिए उनको समझने का प्रयास करें।

१) अपने नैतिक चरित्र का निर्माण। साफ है कि कन्फ्यूशियस चरित्र को बहुत महत्व देते हैं। वे मानते हैं कि चरित्र व्यक्तित्व का आधार है। उनके अनुसार एक चरित्रहीन व्यक्ति पशु तुल्य है।

२) गुणवान लोगों की कद्र। गुणवान लोगों की कद्र करने में सक्षम होने के लिए आवश्यक है कि शासक पहले चापलूसों से पीछा छुड़ा ले। उसे यह भी चाहिए कि वह विषयभोगों में लिप्त न हो। कन्फ्यूशियस यह परामर्श इसलिए देते हैं क्योंकि वे मानते हैं कि शराब आपको असंतुलित कर सकती है, आपकी बुद्धि को कुंठित कर सकती है और हो सकता है कि ऐसी दशा में आप गुणवान लोगों का अपमान कर बैठें या फिर उनसे दुर्व्यवहार कर बैठें।

३) संबंधियों के साथ मधुर संबंध। कन्फ्यूशियस के समय में अच्छे प्रशासन के लिए यह बहुत आवश्यक था क्योंकि पूरा कुल शासन चलाने में सहायता करता था और कुल में सबसे अधिक ईर्ष्या भी आपस में ही पैदा होती थी। जब कोई शासक बनता तो उससे सबसे अधिक ईर्ष्या उसके अपने कुल के लोग ही करते थे। इसलिए कन्फ्यूशियस कहते हैं कि उनको साथ लेकर चलो, उनको उच्च पद दो और उनके पद और उनके वेतन को बढ़ाते रहो। अगर वे किसी पद के योग्य हैं तो उन्हें अवश्य दो। और साथ ही उन्हीं की तरह अपनी पसंद और

नापसंद बनाओ। कन्फ्यूशियस कहते हैं कि अगर आपकी पसंद-नापसंद आपके संबंधियों से भिन्न है तो शीघ्र ही आप उनसे ऊब जाएंगे या वे आपसे ऊब जाएंगे।

४) **उच्च अधिकारियों का आदर।** उच्च अधिकारियों को उचित स्थान और सम्मान देना चाहिए। स्वयं शासक को चाहिए कि वह उनका आदर करे। शासक को अपने उच्च अधिकारियों पर भरोसा भी करना चाहिए क्योंकि अगर निचले वर्ग तक यह बात पहुंच गई कि उच्च अधिकारी पर भरोसा नहीं है, तो उस उच्च अधिकारी के लिए अपने से नीचे के अधिकारियों और कार्यकर्ताओं पर नियंत्रण रखना कठिन हो जाएगा।

५) **सभी अधिकारियों के प्रति समझ एवं सहानुभूति।** जब भी आवश्यक हो उनके वेतन में वृद्धि करते रहना चाहिए।

६) **जन सामान्य का ख्याल रखना** अच्छे शासन के द्वारा, सुविधाएं उपलब्ध कराकर, यथोचित कर लगाकर और न्याय और व्यवस्था बनाए रखकर। कन्फ्यूशियस की नज़र में जन कल्याण सबसे महत्वपूर्ण है। वे क्यों कहते हैं कि अधिकारियों का ख्याल रखा जाना चाहिए? क्योंकि वे मानते हैं कि अगर अधिकारी खुश हैं तो जन सामान्य भी खुश रहेगा। परंतु अगर अधिकारी खुश हैं और ढंग से या मन लगाकर लगन से काम नहीं कर रहे, तो कन्फ्यूशियस की सलाह है कि उनको हटा दिया जाना चाहिए।

७) **सभी प्रकार के श्रमिकों के प्रति लगाव।** ताकि अच्छे श्रम कानून हों, अच्छा काम हो, अच्छा जीवन स्तर हो और सभी को बराबर अवसर प्राप्त हो।

८) **दूरस्थ लोगों को संतुष्ट रखना।** यहां वे राज्यपालों की बात कर रहे हें जो कि दूरस्थ राज्यों को संभालते हैं। उन्हें हमेशा खुश एवं संतुष्ट रखना चाहिए।

९) **सामंतों के विषय में सोचना।** सामंत वे छोटे-छोटे राजा होते हैं जिन्होंने आपके प्रभुत्व को स्वीकार कर लिया है। पर वे दूर राज्यों पर राज करते हैं और वे भी अपने आप में शक्तिशाली होते हैं। कन्फ्यूशियस की सलाह है कि शासक शक्तिशाली सामंतों पर नियंत्रण रखे और निर्बलों की रक्षा करे। वह शक्तिशाली पर अंकुश रखे। और कमज़ोर को बगावत से बचाए। अगर सामंत के अपने राज्य में बगावत हो जाती है तो शासक को उसकी सहायता करनी चाहिए। जब भी वे सामंत मुसीबत में हों तो उनकी सहायता करनी चाहिए। हमेशा उनसे संपर्क बनाए रखना चाहिए। साथ ही उन पर नियंत्रण होना जरूरी है। कन्फ्यूशियस मानते हैं

कि अगर आप उनका ख्याल अपने ज़हन में रखेंगे तो आप उन पर अंकुश भी रख सकेंगे। क्योंकि जब आप उनके बारे में अकसर सोचेंगे तो आप यह भी पता करते रहेंगे कि उनके राज्यों में क्या हो रहा है। और जब भी स्थिति काबू से बाहर जाती दिखे या राष्ट्रीय हित के विपरीत जाती हुई प्रतीत हो तो आप सही कदम उठा पाएंगे।

१७

जब एक राजा का निजि व्यवहार सही होता है,
तो उसकी सरकार बिना आज्ञा दिए ही कार्यकुशल होती है।
अगर उसका निजि व्यवहार सही नहीं होता,
तो वह भले ही आज्ञा दे पर वह मानी नहीं जाती।

कन्फ्यूशियस सलाह देते हैं कि एक शासक को अपने वचन और कर्म के बीच सामंजस्य स्थापित करना चाहिए। इसका अर्थ है कि जो वह कहे उसे खुद भी करे। तभी उसकी आज्ञा का पालन होगा।

एक और स्थान पर उन्होंने कहा है –

अगर आप लोगों का सही तरीके से नेतृत्व करते हैं तो फिर कौन हिम्मत करेगा गलती करने की। अगर आप में लालच नहीं है तो आप उनको चोरी करने के लिए इनाम भी दें तो भी वे वैसा नहीं करेंगे।

इसका अर्थ है कि जन सामान्य में चोरी करने की आदत राजा से आती है। यह रोग ऊपर से नीचे की तरफ फैलता है। व्यवहार का निर्धारण ऊपर होता है। अगर राजा ऐसा है जो बाग से एक सेब चुरा सकता है, तो नागरिक तो पूरा बाग ही उजाड़ देंगे। वे सब कुछ चुरा लेंगे। यही भारत और अन्य देशों में हुआ जहां कि ब्रिटेन की हुकूमत थी। अंग्रेज इन उपनिवेशों से चोरी करते रहे, इनको लूटते रहे। क्योंकि वे शासक थे और उनकी सरकार थी, इसलिए नागरिकों ने भी यही सीखा और वे भी चोरी करने लगे। इसीलिए अंग्रेजों के इन देशों से चले जाने के कई वर्षों बाद तक भी सार्वजनिक संपत्ति की हर जगह चोरी होती रही। चाहे शौचालयों से शौच का काग़ज़ हो, रेल के डिब्बों से मग हो या फिर रेल के शौचालयों से साबुन हो – चोरी होती रही। हाल ही में, वह भी बहुत ही धीरे-धीरे, इन देशों में सार्वजनिक संपत्ति का आदर होना शूरु हुआ है।

१८

इमानदारों को काम दो और बेइमानों को हटा दो।
इस प्रकार बेइमानों को भी इमानदार बनाया जा सकता है।

अगर आप बेइमानों को सज़ा देते हैं और इमानदारों को पुरस्कार, तो ज्यादा से ज्यादा लोग

इमानदारी को अपनाएंगे। यह कह लेने के बाद वे कहते हैं कि छोटी-छोटी गलतियों को माफ़ कर दो और एक गुणवान एवं प्रतिभावान व्यक्ति को ऊंचा पद प्रदान करो। पहली बात तो यह कि छोटी-छोटी भूलों को माफ कर दो ताकि लोगों को सुधरने का मौका मिले। जब आप एक नए शासक के रूप में सत्ता संभालते हैं तो आप एकदम से लोगों को बदलने को नहीं कह सकते और छोटी-छोटी गलतियों के लिए उन्हें भारी सजा नहीं दे सकते। छोटी भूलों को माफ कर दो, उन्हें अनदेखा कर दो। आप नयी संस्कृति की नींव डाल रहे हैं और यह काम धीरे धीरे ही होता है। साथ ही गुणवान और प्रतिभावान व्यक्ति को ऊंचा पद प्रदान करें क्योंकि फिर सबकी नजर उस पर होगी और सब उसका अनुसरण करेंगे। धीरे-धीरे ज्यादा से ज्यादा लोग उसके पद चिन्हों पर चलने लगेंगे।

१६

एक अच्छी सरकार से अपेक्षित है कि पर्याप्त भोजन और सैन्य साधन उपलब्ध हों और लोगों का अपने शासक पर भरोसा हो।

पहली आवश्यकता तो स्पष्ट है - पर्याप्त भोजन। एक अच्छे राज्य में भोजन की कमी नहीं होती। दूसरी आवश्यकता है सैन्य साधन। इसका अर्थ है कि एक अच्छे राज्य में न केवल सबका पेट भरने के लिए काफी भोजन हो, बल्कि उसके पास अपने हितों की रक्षा के लिए पर्याप्त शक्ति भी हो। इसके अतिरिक्त जन सामान्य की अपने शासक में आस्था भी हो। शासक ऐसा चाहिए जिसका गुरुत्व प्रधान व्यक्तित्व हो तथा जो चरित्रवान हो। इससे लोगों का अपने शासक पर भरोसा कायम होता है और वे बुरे समय में भी उसका साथ नहीं छोड़ते। वे कभी भी शासन करने की उसकी क्षमता के विरुद्ध प्रश्न नहीं उठाते।

२०

चार मौसमों की भांति वह समय पर हर काम करता है। सूर्य और चंद्रमा की भांति वह देदिप्यमान रहता है। सारी रचना बिना एक दूसरे को हानि पहुंचाए फलती–फूलती है।

यहां कन्फ्यूशियस एक बार फिर अच्छे शासक के गुणों की व्याख्या कर रहे हैं। जैसे चारों मौसम समय पर आते हैं, उसी प्रकार ऐसा शासक हर कार्य समय पर करता है। अर्थात वह इतना विवेकवान होता है कि काल की गति को आंक लेता है, समय की मांग को पहचानता है और उचित कदम उटाता है। कोई समय होता है कि बिजली की तेजी से कदम उठाना होता है और कोई ऐसा होता है जब पर्वत के समान अडिग बने रहना होता है। ऐसा शासक जानता है कि कब क्या करने का समय है।

सूर्य और चांद की तरह वह खूब चमकता है, अर्थात वह चरित्रवान होता है तथा उसकी बहुत प्रतिष्ठा होती है। उसके राज में संपूर्ण रचना अर्थात सारे प्राणी फलते-फूलते हैं, बिना एक दूसरे को हानि पहुंचाए। वह कमजोरों की रक्षा करता है और शक्तिमानों को अंकुश में रखता है। वह जानता है कि अगर शक्तिशाली लोगों को निर्कुंश छोड़ दिया जाए तो वे कमजोरों पर धावा बोल देंगे और उनका शोषण करने लगेंगे।

२१

वह शासन करने के दोनों आत्यांतिक तरीकों को जानता था, परंतु मध्य के मार्ग को अपनाते हुए उसने लोगों पर शासन किया। यही कारण था कि वह इतना ज्ञानवान कहलाया।

शासन करने के दो आत्यांतिक तरीके कौन से हैं?
एक तरीके के अनुसार डर दिखा कर राज्य करना चाहिए। लोग आपसे डरेंगे तो आपकी आज्ञा का पालन करेंगे और आपका शासन चलता रहेगा। जब तक वे आपसे भय खाते रहेंगे, शासन की कमान आपके हाथ में रहेगी। दूसरा आत्यांतिक तरीका है प्रेम से शासन करना। यहां शासक मानता है कि जब तक लोग उसे प्रेम करते हैं वे उसकी बात मानेंगे और उसका शासन अबाध रूप से चलता रहेगा।

दोनों ही तरीके अति के हैं। पहले तरीके में आप लोगों को हमेशा डरा कर उनकी शक्ति चूसते रहते हैं और लंबे अंतराल में इससे रोष भी पैदा हो जाता है। दूसरे तरीके में अर्थात प्रेम के तरीके में आप चाबुक को एक तरफ रख देते हैं। किसी भी संस्था में अनुशासन बनाए रखने के लिए कभी-कभार चाबुक का प्रयोग करना पड़ता है। उसे एक तरफ रखने से आप प्रभुत्व खो बैठते हैं। अब यह लोगों पर निर्भर करता है। अगर वे अच्छे हुए तो वे आपकी आज्ञा का पालन करेंगे। पर आज्ञा का पालन करते हुए भी आपका उन पर प्रभुत्व नहीं होगा।

तो शासन करने का सही तरीका क्या है?
कन्फ्यूशियस मध्य के मार्ग को अपना कर शासन करने के पक्ष में हैं। मध्य के मार्ग का अर्थ है कि आप प्रेम तो करते ही हैं साथ ही अनुशासन भी बनाए रखते हैं। प्रेम और अनुशासन साथ-साथ चलते हैं। बहुत अधिक प्रेम से लोग बिगड़ जाएंगे। और वे आखिर में अपना ही नुकसान कर बैठेंगे। बहुत अधिक भय हुआ तो वे रोष से भर जाएंगे या फिर उनका उत्साह समाप्त हो जाएगा। सही तरीका है प्रेम और अनुशासन दोनों के साथ शासन करना। और अनुशासन भी कुछ इस प्रकार हो कि लोगों को एहसास हो कि किसी को सताने के लिए अनुशासित नहीं किया जा रहा है। अनुशासन का उद्देश्य है उस व्यक्ति को सुधारना।

इसके बाद कन्फ्यूशियस कहते हैं – चू सुस्त है, इसलिए उसे मैं आगे बढ़ने के लिए उकसाता हूं। यू कुछ ज्यादा ही उत्साहित है, इसलिए उस पर मैं अंकुश लगाता हूं।

उनके कहने का अर्थ है कि अलग-अलग लोगों से निपटने के लिए अलग-अलग तरीके अपनाए जाने चाहिएं। उनका एक साथी चू सुस्त और आलसी है, इसलिए उसे बार-बार उकसाना पड़ता है। वहीं यू कुछ ज्यादा ही उत्साहित रहता है। जल्दी में या अत्यधिक उत्साह के कारण वह गलती कर सकता है। इसलिए उसे थोड़ा रोकना पड़ता है। यह भी मध्य के मार्ग का ही उदाहरण है।

२२

चार बुरी चीजों से क्या मतलब है –
बिना लोगों को प्रशिक्षित किए उनको मौत के घाट उतारना,
इसे निर्दयता कहते हैं।
बिना उन्हें आगाह किए उनसे पूरे काम की समाप्ति की मांग करना,
इसे अत्याचार कहते हैं।
पहले तो बिना किसी आग्रह के कोई आदेश देना
और फिर बाद में कठोरता दिखाते हुए जल्दी मचाना,
इसे अन्याय कहते हैं।
और लोगों को वेतन या पुरस्कार देते समय कंजूसी दिखाना,
इसे कहते हैं एक क्षुद्र अधिकारी की तरह व्यवहार करना।

कन्फ्यूशियस कहना चाहते हैं कि शासक को विवेकवान होना चाहिए। जब लोगों को भली-भांति प्रशिक्षित कर दिया गया हो, संस्कृति स्थापित कर दी गई हो तभी सजा दी जानी चाहिए। जब तक लोगों को भली-भांति प्रशिक्षित नहीं कर दिया गया हो, उन्हें महत्वपूर्ण कार्य नहीं सौंपने चाहिए। और अगर काम देकर ही प्रशिक्षण दिया जा रहा हो तो छोटी-छोटी गलतियों को अनदेखा कर देना चाहिए। अगर आपने आज्ञा देते समय कोई जल्दी नहीं दिखाई तो बाद में यकायक कठोर होकर जल्दी नहीं मचानी चाहिए। क्योंकि ऐसा करने से हानि हो सकती है। यह भी जरूरी है कि जब आप पुरस्कार दे रहे हों तो कंजूसी नहीं दिखाएं। आप अपने व्यवहार में क्षुद्रता नहीं झलकने दें।

२३

मैं बेतुके सिद्धांतों का परामर्श देकर और बेइमानी करके
भावी पीढ़ियों से प्रशंसा प्राप्त नहीं करना चाहूंगा।
एक भले मानुष को मध्य का मार्ग अपनाना चाहिए

और मैं कभी भी आधे रास्ते में इसे नहीं छोड़ूंगा भले ही और ऐसा करें।
भले मानुष को मध्य में अवस्थित रहना चाहिए
और उसे जरा भी अफसोस नहीं होना चाहिए अगर वह
औरों के लिए अज्ञात बना रहे।
केवल एक ऋषि इन सिद्धांतों का पालन कर सकता है।

कन्फ्यूशियस कहते हैं कि मध्य चौंकाता नहीं है। मध्य का अर्थ है बीच, किसी छोर पर नहीं। जब आप मध्य में स्थित होते हैं तो आपकी स्थिति लोगों को चौंकाती नही है। जब आप अति पर स्थित होते हैं तो चौंकाने वाली बात होती है। इसलिए कन्फ्यूशियस कहते हैं कि मैं अति के सिद्धांतों का परामर्श देकर भावी पीढ़ियों से प्रशंसा नहीं प्राप्त करना चाहूंगा। भावी पीढ़ियों से प्रशंसा से उनका मतलब है ख्याति। कन्फ्यूशियस मानते हैं कि यश एक धूल के बादल की तरह है जो आपके रथ के पीछे उड़ता रहता है। महत्व इस बात का है कि आप अपने गंतव्य स्थल तक पहुंचे, न कि आपने कितनी धूल उड़ाई या कितने लोगों ने आपको देखा। एक आदर्श मनुष्य यश या कीर्ति की परवाह नहीं करता।

कन्फ्यूशियस यह भी जानते हैं कि जब कोई यश के पीछे दौड़ता है, तो उसकी प्रसन्नता अब इस बात में है कि दूसरे उसके बारे में क्या सोचते हैं। उसकी प्रसन्नता औरों पर निर्भर हो जाती है। इसलिए वे कहते हैं कि यश की परवाह न करें।

आगे वे कहते हैं कि एक भले मानुष को हमेशा मध्य मार्ग को ही चुनना चाहिए और मैं कभी भी आधे रास्ते में इसे नहीं छोड़ूंगा भले ही और ऐसा करें। और लोग भले ही मध्य मार्ग को न चुनें और अति में चलते रहें, तो भी मैं स्वयं निश्चित करूंगा कि उनसे कैसे निपटना है और मेरी प्रतिक्रिया सदा ही मध्य मार्ग की ही होगी।

मध्य मार्ग से कन्फ्यूशियस का क्या मतलब है?

इसका अर्थ है संतुलन। बुद्ध से लेकर अरस्तु तक अनेकों ने संयम के विषय में बोला है। वह संतुलन जो मनुष्य तब प्राप्त करता है जब वह मध्य मार्ग पर चलता है। जब वह अति से बचता है और सुनहरे मध्य मार्ग को अपनाता है तो उदाहरण लें तो वह न तो कायर ही होता है और न ही दुःसाहसी, वह बस साहसी होता है। इसी तरह वह गर्व और आत्मसंदेह के बीच विनय चुनता है, कंजूसी और अपव्यय के बीच उदारता को चुनता है, निराशा और मसखरेपन के बीच विनोदशीलता को चुनता है, तथा लड़ाकेपन और चापलूसी के बीच मित्रता को चुनता है। कन्फ्यूशियस इसी संतुलन की बात कर रहे हैं – न तो इस अति पर होना, न ही दूसरी अति पर।

जो इस प्रकार संतुलन की अवस्था को प्राप्त कर लेता है, वह जब जीवन में चलता है तो खुशी

उसके साथ चलती है। परंतु जब वह संतुलन खो बैठता है तो वह इस खुशी से वंचित हो जाता है, तब तक जब तक वह वापस अपने केंद्र पर अवस्थित न हो जाए। जब वह इस प्रकार संतुलन की अवस्था में होता है तो वह ब्रह्माण्ड की ताओ शक्ति के साथ सामंजस्य में होता है और अपनी समस्त प्रतिभाओं के संपर्क में होता है।

एक कविता की पंक्तियां हैं,

संभल जाने दो मीरा की थिरकती पायल,
और गौतम के सधे पांव ज़रा बहक जाने दो।

कवि कहना चाहता है कि मीरा कुछ ज्यादा ही स्वच्छंद है, इसलिए उसे सलाह देता है कि वह थोड़ा संभल जाए। वहीं गौतम बुद्ध कुछ अधिक ही गंभीर मुद्रा में हैं, इसलिए वह उन्हें थोड़ा विश्रांत होने की सलाह देता है।
अर्थात मध्य में स्थित रहो। चीनी भाषा में एक शब्द है झौंग यौंग जिसका अर्थ होता है मध्य में और संतुलन में। यही कन्फ्यूशियस का मतलब है जब वे कहते हैं कि व्यक्ति को मध्य मार्ग चुनना चाहिए।

आगे वे कहतें हैं कि भले मानुष को मध्य में अवस्थित रहना चाहिए और उसे जरा भी अफसोस नहीं होना चाहिए अगर वह औरों के लिए अज्ञात बना रहे। कन्फ्यूशियस जानते हैं कि यश से थोड़ा संतोष तो प्राप्त होता ही है। साथ ही वे यह भी जानते हैं कि यश के दुष्प्रभाव क्या हैं। यश का एक महत्वपूर्ण दुष्प्रभाव यह है कि एक बार किसी और के मन में आपकी कोई छवि बन गई, तो फिर आपको उसी के अनुरूप जीना और व्यवहार करते रहना पड़ता है। इससे आपकी स्वतंत्रता जाती रहती है। इसलिए वे यश के दुष्प्रभाव के बारे में जानते हैं और वे यह भी मानते हैं कि भले ही उन्हें ख्याति प्राप्त न हो, पर वे अति के सिद्धांतों का समर्थन नहीं करेंगे।

जब वे कहते हैं कि केवल एक ऋषि इन सिद्धांतों का पालन कर सकता है तो वे लंबे काल खण्ड की बात कर रहे हैं। लंबे समय तक हमेशा मध्य में स्थित रह पाना कठिन है। आप एक अति से दूसरी पर डोलते रहते हैं।

२४

**जिस पर न तो ऐसी निंदा का कोई असर होता है
जो कि मन में घर कर जाती है
और न ही ऐसे कथनों का जो कि चौंकाने वाले होते हैं
और चोट पहुंचा सकते हैं,
ऐसे ही व्यक्ति को बुद्धिमान कहा जा सकता है।**

कन्फ्यूशियस यहां पर समचित्तता की बात कर रहे हैं। वे अपनी ही राय कायम रखने और समबुद्धि की बात कर रहे हैं। वे कहते हैं कि निंदा (अर्थात दूसरे की आलोचना करना और उसके विषय में अफवाहें फैलाना) धीरे-धीरे मन में घर कर जाती है। पहले पहल आप उस निंदा को झूठा समझ कर उसे मानने से इनकार कर सकते हैं। पर फिर आप उसके बारे में सोचते हैं, उसका मनन करते हें तो धीरे-धीरे वह मन में स्थान बना लेती है। वे कहते हैं कि एक सच्चा मनुष्य कभी भी ऐसा नहीं होने देता। वह निंदा से अप्रभावित रहता है।

न ही ऐसे कथनों का जो कि चौंकाने वाले होते हैं और चोट पहुंचा सकते हैं। जो कथन कठोर होते हैं और किसी के खिलाफ दिए जाते हैं और जो आम आदमी को चोट पहुंचा सकते हैं, वे एक पूर्ण पुरुष को न तो चौंकाते हैं और न ही उसे डराते हैं - अर्थात वह सच में बुद्धिमान होता है।

२५

उच्च पद पर स्थित व्यक्ति
जिसमें साहस तो है परंतु सदाचार नहीं,
वह अनाज्ञाकारी होने का दोषी होता है।
वहीं निचले पद पर स्थित व्यक्ति जिसमें साहस है सदाचार से रिक्त,
वह चोरी करके ही रहेगा।

कन्फ्यूशियस यहां गुणों में संतुलन की बात कर रहे हैं। (वे मध्य के मार्ग की बात कर रहे हैं।) उच्च पद पर स्थित कर्मचारी जो कि साहसी तो है पर सदाचारी नहीं, वह अनाज्ञाकारी होगा। क्योंकि उसे नहीं पता होता कि किन नियमों का पालन करना है। वह बस अपने साहस के बल पर आगे बढ़ता है। इसलिए हो सकता है कि वह अनाज्ञाकारी हो जाए।

इसी प्रकार निम्न पद स्थित कर्मचारी, जो कि साहसी तो है पर सदाचारी नहीं, उसका चरित्र नहीं होता और वह चोरी कर सकता है। इसलिए संतुलित करने वाले गुण की आवश्यकता रहती है - साहस का संतुलन होता है सदाचार से। फिर आप अगर सत्ता संभालते हैं तो आप अपनी उस शक्ति का दुरुपयोग नहीं करेंगे जो कि साहस आपको प्रदान करता है।

२६

मुझे उनसे घृणा है
जो विनम्र नहीं होते और अपने आप को साहसी मानते हैं।
मुझे उनसे घृणा है
जो कि भेद खोलते फिरते हैं और स्वयं को स्पष्टवादी कहते हैं।
सभी लोगों में लड़कियों और नौकरों से पेश आना सबसे कठिन है।

अगर वे आपके बहुत नज़दीक हैं तो वे नम्रता खो बैठते हैं और अगर आप उनसे दूरी बनाकर रखते हैं तो वे असंतुष्ट रहते हैं।

कन्फ्यूशियस बता रहे हैं कि संतुलन की बात का कैसे गलत अर्थ लगाया जा सकता है। या फिर जब आप किसी गुण को अपनाने का परामर्श दे रहे होते हैं तो आपका शिष्य या आपका श्रोता किस प्रकार गलत अर्थ लगा कर मान सकता है कि वह गुण तो उसमें पहले से ही है और बिना अपने आप को बदले स्वयं को गुणवान मान सकता है। या फिर कैसे कोई जो कि विनम्र नहीं है स्वयं को साहसी या निडर मान सकता है, या कोई जो कि भेद नहीं छिपा कर रख सकता अपने आप को स्पष्टवादी मान सकता है। ऐसे लोग जो कि गुणवान होने की भ्रांति में जीते रहते हैं, अनजाने में अपनी कमजोरी को गुण के रूप में प्रस्तुत करते रहते हैं।

फिर कन्फ्यूशियस कहते हैं कि सभी लोगों में लड़कियों और नौकरों से पेश आना सबसे कठिन है। महिलाएं भावुक होती हैं और नौकर अशिक्षित। इस संदर्भ में वे कहते हैं कि अगर आप उनके बहुत नजदीक पहुंच गए तो वे अपनी नम्रता खो देंगे, अर्थात अगर आप उनसे बहुत ही मित्रतापूर्ण व्यवहार करने लगेंगे तो वे मर्यादा का उलंघन कर बैठेंगे। समाज में विद्यमान श्रेणीबद्धता में वे अपने स्थान को भूल जाएंगे। और अगर आप उनसे दूरी बनाए रखते हैं तो वे असंतुष्ट बने रहेंगे और आपको घमंडी समझ बैठेंगे।

२७

**मध्य का मार्ग हमारी पहुंच से बाहर नहीं है।
कुछ लोग मानते हैं कि उसके अनुसरण का कोई मोल नहीं
क्योंकि वह इतना सुलभ जो है
और इसीलिए वे दुर्लभ और कठिन मार्गों पर निकल पड़ते हैं।
यह मध्य का मार्ग नहीं।**

कन्फ्यूशियस बता रहे हैं कि हम मध्य के प्रति उत्साहित क्यों नहीं हो पाते।
मध्य का मार्ग इतना पास जो नजर आता है। जो भी पास है और सुलभ है वह हमारे अहंकार को उत्साहित नहीं कर पाता, उसे चुनौतीपूर्ण नहीं लगता। हमारा अहंकार कुछ कठिन करना चाहता है - सबसे ऊंचे पहाड़ पर चढ़ना, सबसे चौड़े समुद्र को तैर कर पार करना आदि आदि। (कन्फ्यूशियस यह भी जानते हैं कि मध्य तक पहुंचना कुछ ज़्यादा कठिन नहीं। कठिन है वहां बने रहना।)

२८

**गीतों की पुस्तक ने कहा है
कि जब नई कुल्हाड़ी के हत्थे को**

पुरानी कुल्हाड़ी से काट कर बनाया जाता है
तो वह दिखने में पुराने हत्थे से ज्यादा भिन्न नहीं होता।
इसीलिए एक भला मानुष कभी भी
औरों से उससे ज्यादा की अपेक्षा नहीं करता
जो कि वह स्वयं से करता है
बशर्ते वे अपनी भूलों को सुधार लें।
जो व्यक्ति सहनशीलता और धैर्य का पालन करता है
वह मध्य से दूर नहीं।
उसे औरों के साथ वैसा ही व्यवहार करना चाहिए
जैसा व्यवहार वह औरों से चाहता है।

कन्फ्यूशियस मध्य में बने रहने की चुनौती की कठिनाई को उजागर कर रहे हैं। जब नई कुल्हाड़ी के हत्थे को पुरानी कुल्हाड़ी से काट कर बनाया जाता है तो वह दिखने में पुराने हत्थे से ज्यादा भिन्न नहीं होता। आप बदलने की ठान भी लें तो भी नए आचरण को जमने में समय लगेगा। आरंभ में नया पुराने की ही तरह दिखेगा क्योंकि पुराने के बंधन से आप छूट नहीं पाए हैं।

इसलिए एक भला मानुष कभी भी औरों से उससे ज्यादा की अपेक्षा नहीं करता जो कि वह स्वयं से करता है। अगर वे भटक जाते हैं तो वह उनको माफ कर देता है, बशर्ते वे अपनी भूलों को सुधार लें। यहां वे मध्य के मार्ग पर आने वाली कठिनाइयों के बारे में बता रहे हैं। मध्य के मार्ग पर चलने का अर्थ है एक ही लीक पर चलना। या फिर एक रस्से पर चलना। आपको संतुलन बना कर रखना ही होगा। आप अगर कुछ दूर चले और फिर आपके कदम बाएं या दाएं डगमगा गए तो आपका संतुलन बिगड़ जाता है। लेकिन फिर आप वापस मध्य में आ जाते हैं। इसलिए मध्य का मार्ग बार-बार दांए या बांए जाने और फिर से बीच में वापस आने का है। बार-बार भूल होती है, पर हर बार पहले से कम। यही है मध्य के मार्ग की आधारशिला।

भला व्यक्ति यह जानता है कि वह स्वयं अधिक देर तक मध्य के मार्ग पर टिक नहीं पाता। इसलिए अगर और लोग भी दांए या बांए भटक कर मध्य में आ जाते हैं, तो यह बात उसे परेशान नहीं करती।

जो व्यक्ति सहनशीलता और धैर्य का पालन करता है वह मध्य से दूर नहीं। और फिर कन्फ्यूशियस ने कहा कि हमें औरों के साथ वैसा ही व्यवहार करना चाहिए जैसा व्यवहार हम औरों से चाहते हैं। **यह शब्द उन्होंने ईसा मसीह के जन्म से पांच सौ साल पहल कहे!** वे कहते हैं कि जैसे भटकने पर मैं स्वयं को माफ कर देता हूं, इसी प्रकार मैं औरों को भी माफ कर दूंगा।

२६

भला मानुष बनने के चार मार्ग हैं
पर मैं किसी का अनुसरण नहीं कर पाता –
मैं अपने पिता की वैसी सेवा नहीं कर पाता
जैसी अपने पुत्र से अपेक्षा करता हूँ,
मैं अपने मालिक की वैसी सेवा नहीं कर पाता
जैसी मैं अपने कर्मचारियों से आशा करता हूँ,
मैं अपने बड़े भाई का उतना आदर नहीं कर पाता
जितने की अपने छोटे भाई से आशा करता हूँ,
मैं अपने मित्रों के साथ वैसा व्यवहार नहीं कर पाता
जैसा कि मैं उनसे अपेक्षा करता हूँ,

यहां फिर से कन्फ्यूशियस अपनी मानव सुलभ त्रुटियों, अपनी दोषपूर्णता की बात कर रहे हैं। वे अपने दोषों का स्वयं पर्दाफाश करते हैं, यह कहते हुए कि मैं अपने पिता की तैसी सेता नहीं कर पाता जैसी अपने पुत्र से अपेक्षा करता हूं, मैं अपने मालिक की वैसी सेवा नहीं कर पाता जैसी मैं अपने कर्मचारियों से आशा करता हूं, मैं अपने बड़े भाई का उतना आदर नहीं कर पाता जितने की अपने छोटे भाई से आशा करता हूं, मैं अपने मित्रों के साथ वैसा व्यवहार नहीं कर पाता जैसा कि मैं उनसे अपेक्षा करता हूं। तो वे जानते हैं कि जो वे औरों से अपेक्षा करते हैं और जो वे स्वयं करते हैं उनके बीच सामंजस्य नहीं है। और यही जानकारी उनके अपने व्यवहार का उनकी आशाओं से समन्वय स्थापित कर देगी। जब वे बोलेंगे तो अपने व्यवहार को याद करेंगे, जब वे कुछ आशा करेंगे तो अपने स्वयं के आचरण को याद करेंगे और जब वे कुछ करेंगे तो जो उन्होंने कहा है उसे याद रखेंगे - फिर वे विकास के अगले तल पर पहुंच जाएंगे। वे मध्य के मार्ग का अनुसरण करने में आने वाली व्याहवारिक समस्या की बात कर रहे हैं।

संक्षेप में कहें तो अति के व्यवहार से आप में उपद्रव उत्पन्न होता है और जब आप मध्य में अवस्थित होते हैं तो आप अपने शांत स्वभाव को प्राप्त हो जाते हैं।

अनेक विचारक हैं जिन्होंने संतुलन की बात की है और उनकी विषय वस्तु है व्यक्ति विशेष। कन्फ्यूशियस संतुलन के इस विचार को और आगे ले जाते हैं। वे इसे पारस्परिक संबंधों तक ले जाते हैं। उदाहरण के तौर पर वे कहते हैं कि छोटे भाई को बड़े भाई का आदर करना चाहिए और बड़े भाई को अपने छोटे भाई के प्रति सौम्य होना चाहिए। इस तरह वे इस सलाह द्वारा संबंधों में संतुलन स्थापित करने की बात करते हैं। इसी प्रकार वे कहते हैं कि पत्नी को पति के प्रति आज्ञाकारी होना चाहिए तथा पति को सदाचारी अर्थात वफादार होना चाहिए। (ध्यान दें कि उन्होंने ठीक निशाने पर तीर चलाया है यह कहकर कि पति को अपनी पत्नी के प्रति

वफादार होना चाहिए। क्योंकि वे जानते हैं कि एक महिला को सुरक्षा की चाह रहती है और अगर उसका पति वफादार है तो उसका घर-संसार सुरक्षित रहता है।) इस प्रकार परस्पर संतुलन स्थापित करने वाले तत्वों को प्रस्तुत कर कन्फ्यूशियस संतुलन के तत्व को व्यक्तिगत स्तर से उठा कर सामाजिक स्तर तक ले जाते हैं। वे उसके दायरे को बढ़ा कर उसके माध्यम से सामाजिक सामंजस्य स्थापित करने का प्रयास करते हैं।

आगे वे कहते हैं कि एक सभ्य व्यक्ति दूसरों से उतने की ही अपेक्षा रखता है जितनी कि स्वयं से। अगर वे भूल करते हैं तो वह उन्हें माफ करने को तैयार रहता है, जब तक कि वे अपनी गलतियों को सुधार लेते हैं। वह धैर्य रखता है। जैसे वह स्वयं हमेशा संतुलित नहीं रह पाता, इसी तरह अगर कोई और लड़खड़ा जाता है तो वह मध्य में बने रहने की कठिनाई को समझता है। जब तक कि भूल करने वाले वापस सही राह पर वापस आ जाते हैं वह उनके बहकते कदमों को नजरंदाज कर देता है और जैसे स्वयं को माफ कर देता है उनको भी माफ कर देता है।

इसी सरलता, व्यावहारिकता और सहनशीलता के कारण कन्फ्यूशियस अनेक देशों के लोगों को प्रेरित करते हैं।

३०

विद्वान कहलाने के लिए व्यक्ति में कौन से गुण होने चाहिए? उसे लगनशील, आग्रही और अरोचक होना चाहिए – अपने मित्रों के बीच लगनशील और आग्रही होना चाहिए और अपने परिवारजनों के बीच अरोचक।

कन्फ्यूशियस ऐसा क्यों कहते हैं कि अगर आप विद्वान होना चाहते हैं तो मित्रों के बीच लगनशील और आग्रही बने रहें?

लगनशील का अर्थ है दृढ़ और समर्पित ताकि आपके मित्र जान सकें कि आपका एक लक्ष्य है और वे आपको उस लक्ष्य के प्रति प्रयत्नशील रहने के लिए स्वतंत्र छोड़ सकें। आग्रही का मतलब उसके पास बेकार बैठने का समय नहीं। उसे चाहिए कि जल्दी से अपने मित्रों के साथ वार्तालाप करे। उसे समय बरबाद नहीं करना चाहिए और जल्दी से बात खत्म करनी चाहिए।

कन्फ्यूशियस सलाह दे रहे हैं कि आपको विद्वान बनना है तो अपने परिवारजनों के बीच अरोचक बने रहें। अरोचक से उनका मतलब है उबाऊ। आखिर क्यों विद्वान बने रहने के लिए उबाऊ बने रहना चाहिए?

क्योंकि मित्र कहीं अधिक आपको समझते हैं और वे आपको स्वतंत्रता दे भी देंगे। परंतु

कभी-कभार परिवार में, विशेषतः विश्व के पूर्वी देशों में, जब आप बुजुर्गों के साथ होते हैं तो आपको अपना समय देना पड़ता है, भले ही आपको लगे कि समय का सदुपयोग नहीं हो रहा। इसलिए वे कहते हैं कि परिवारजनों के बीच अरोचक बने रहें। परिवार से उनका अर्थ है आपके बंधुजन, चचेरे-मौसेरे भाई-बहन। उनके साथ उबाऊ बने रहें। अपने कर्तव्य का पालन अवश्य करें, परंतु थोड़ा उबाऊ बने रहें ताकि वे आपको अध्ययन करने के लिए स्वतंत्र छोड़ दें। जब वे पाएंगे कि आप कितने उबाऊ व्यक्ति हैं तो वे आपसे पीछा छुड़ाने की कोशिश करेंगे और फिर आप अपने पुस्तकालय या अध्ययन कक्ष में बिना रोक-टोक के जा सकते हैं।

बल्कि वे यह भी कहते हैं कि दस परिवारों के गांव में हो सकता है कि आपको एक आदमी और मिल जाए जो कि मेरी तरह लगनशील हो, परंतु ऐसा व्यक्ति नहीं मिलेगा जो कि मेरी तरह अध्ययनशील हो। कन्फ्यूशियस मानते हैं कि अगर उबाऊ होने का नाटक भी करना पड़े तो भी कोई बात नहीं क्योंकि आपका उद्देश्य अच्छा है।

३१

एक विद्वान ज्ञान अर्जित करने की लगन में भोजन भूल जाता है। ज्ञान प्राप्ति की खुशी में अपने गम भूल जाता है और उसे यह भी ध्यान नहीं रहता कि बुढ़ापा पास आ रहा है।

कन्फ्यूशियस एक विद्वान के लक्षणों के बारे में बता रहे हैं। विद्वान व्यक्ति ज्ञान प्राप्त करने के लिए इतना उत्साहित होता है कि भोजन भी भूल जाता है। नया सीखने का जुनून इस कद्र उसे जकड़ लेता है कि उसे यह भी ख्याल नहीं रहता कि उसके शरीर को भोजन भी चाहिए। ग्रीस में कहा जाता है कि प्लेटो को पढ़ने का इतना शौक था कि जब रात को सोने का समय होता और उसकी थकी हुई इंद्रियां जवाब देने लगतीं, उसकी आंखें बद होने लगतीं और उसका शरीर थक कर चूर हो जाता, तो वह एक हाथ में किताब पकड़ लेता जिसे पढ़ रहा होता और दूसरे में एक धातू का गोला थाम लेता। गोले वाले हाथ के ठीक नीचे वह एक धातू का पतीला रख देता। इस प्रकार उसे भरोसा रहता कि अगर पढ़ते हुए झपकी लग गई तो उसके हाथ से गोला छूट जाएगा और जाकर नीचे रखे उस पतीले से टकराएगा। जैसे ही आंख लगती, उस भयंकर नाद से वह जाग जाता। और फिर वह दोबारा से पढ़ने लग जाता, एक हाथ में किताब थामे और दूसरे में धातू का गोला।

वह ज्ञान अर्जित करने की लगन में और ज्ञान प्राप्ति की खुशी में अपने गम भूल जाता है। जब आप कुछ सीखते हैं तो आपका विकास होता है। उस विकास से आपको खुशी मिलती है। वह खुशी एक मानसिक आनंद के समान होती है। यह आनंद आपके सारे गम भुला देता है। और

फिर यह भी ख्याल नहीं रहता कि बुढ़ापा बढ़ा चला आ रहा है। बुढ़ापे के बढ़ते कदमों को धीमा करने का सबसे अच्छा उपाय है कि हमेशा सीखने की अवस्था में बने रहें। हमेशा स्कूल का बस्ता कंधे पर टंगा रहे। क्योंकि जब व्यक्ति शिष्य बना रहता है तो शिष्यता की वह अवस्था उसे मानसिक रूप से एक विद्यार्थी बनाए रखती है और सदा यौवनवान एवं नवीन बनाए रखती है। इसीलिए उसे पता नहीं लगता कि बुढ़ापा चला आ रहा है।

कन्फ्यूशियस यह भी मानते हैं कि ज्ञान के प्रति प्रेम गुणों की प्राप्ति की ललक को संतुलित करता है क्योंकि वे जानते हैं कि अगर गुणों की अति हो जाए तो वह अगुण बनने लगते हैं। चीन में एक सूक्ति है वु जी बी फैन अर्थात अगर कोई चीज अति पर पहुंच जाए तो वह विपरीत दिशा में अग्रसर होने लगती है। और वह दिशा प्रतिकूल भी हो सकती है। जो है, उसके विपरीत होने लग जाएगा। उदाहरण के लिए वे जानते हैं कि –

ज्ञान के प्रति लगाव के बिना परोपकारिता मूर्खता सिद्ध हो जायेगी।
ज्ञान के प्रति लगाव के बिना स्पष्टवादिता का परिणाम होगा रूखापन या अशिष्टता।
ज्ञान के प्रति लगाव के बिना साहस का अर्थ होगा अनाज्ञाकारिता।
ज्ञान के प्रति लगाव के बिना दृढ़ता का परिणाम होगा अति का आचरण।
ज्ञान के प्रति लगाव के बिना सच्चाई का अर्थ होगा विपरीत परिणाम की परवाह न होना।

ज्ञान संचालक है, नियंत्रक है। वह गुण को नियंत्रित करता है जिससे वह अति पर न पहुंच जाए। इसलिए कन्फ्यूशियस ज्ञान की प्राप्ति के पक्ष में हैं क्योंकि वे जानते हैं कि ज्ञान गुणवान व्यक्ति को अति पर जाने से रोकेगा और सही मार्ग पर बनाए रखेगा। नहीं तो गुण के अंधानुकरण से विनाश हो सकता है।

३२

एक महान शासक वह है जो कि बिना घमंडी हुए गरिमामय सहजता बनाए रखता है, जो कि बिना उग्र हुए तेजस्वी बना रहता है, और बिना अपव्यय के परोपकारी बना रहता है।

यहां कन्फ्यूशियस शासन की प्रक्रिया में संतुलन की सलाह दे रहे हैं। जब एक शासक बिना घमंडी हुए गरिमामय होता है तो उसके आसपास के लोग निश्चिंत अनुभव करते हैं और साथ ही वे उसकी गरिमा की हदों को लांघने की कोशिश नहीं करते जिसकी उस शासक को शासन करने के लिए आवश्यकता होती है। वह गरिमामय सहजता बनाए रखता है। वह न केवल गरिमामय होता है, बल्कि सहज भी होता है।

बिना उग्र हुए तेजस्वी बना रहता है - उसमें एक तेजस्विता होती है। एक तानाशाह की उग्रता नहीं होती और न ही एक अत्याचारी शासक की कठोरता। उसकी तेजस्विता दिखावटी नहीं होती, कटु नहीं होती।

साथ ही महान शासक वह होता है जो कि बिना अपव्यय के परोपकारी बना रहता है - क्या अर्थ है इसका? परोपकारी (दयालू और उदार) परंतु बिना अपव्यय के? पर यह कैसे संभव है? मान लो कि आप मालिक हो और एक परेशान कर्मचारी आपके पास आता है और अपना सारा गुबार निकालने लगता है। वह किसी बात को लेकर क्रोधित है। आपने न तो उसको बढ़ावा दिया और न ही उसे डांटा। बस उसकी बात सुनते रहे। उसका गुस्सा बाहर निकल गया। हो सकता है कि वह घर जाए और अपनी पत्नी से कहे कि उसने आज अपने मन का गुबार निकाल दीया। वह अपने आपको बड़ा बहादुर समझने लगे। आपकी चुप्पी ने कुछ पल के लिए उसे सूरमा बना दिया। आपकी खामोशी ने उसे एक बार फिर एहसास करा दिया कि वह बोलने के लिए, अपने विचार व्यक्त करने के लिए स्वतंत्र है। इससे उसे अपने काम में संतुष्टि अनुभव होगी। अगर उसकी शिकायत को आपने गंभीरता से चुप रह कर सुना तो उससे आपका प्रभुत्व कम नहीं हुआ। एकाध बार लोगों को अपने कंधे पर सिर रख कर रोने का मौका दिया जा सकता है। इससे वे अपनत्व अनुभव करते हैं। यह एक तरीका है बिना अपव्यय के परोपकारी होने का।

३३

आचरण के तीन सिद्धांत हैं जिन्हें एक उच्च पदस्थ व्यक्ति को विशेष तौर पर महत्वपूर्ण मानना चाहिए।
अपने व्यवहार और आचरण में वह हिंसा और लापरवाही से बचें।
अपनी छवि तराशते समय वह सच्चाई का पक्ष लें।
और वह अपने शब्दों और अपने स्वर में
छिछलेपन और अनुपयुक्तता से बचें।

अपने व्यवहार और आचरण में वह हिंसा और लापरवाही से बचे। एक शक्ति संपन्न व्यक्ति के पास सुदृढ़ पाचन प्रणाली भी होनी चाहिए। यह उसकी सहायता करती है अपनी सफलता और अपनी शक्ति को पचाने में। जब ऐसा होता है तो वह अपनी शक्ति को दुरुपयोग नहीं करता। फिर वह अपनी शक्ति के नशे में चूर एक छोटी सी भूल के लिए गलती करने वाले को जाकर मसल नहीं डालता। जिन पर वह शासन करता है, उनके प्रति दया के कारण, उसके आचरण में संयम झलकता है। इसके अतिरिक्त वह समझता है कि हालांकि वह दूसरों से कहीं ज्यादा शक्तिशाली है, परंतु हिंसा हमेशा सही उपाय नहीं होती। अकसर ऐसा होता है कि आपकी शक्ति तभी बरकरार रहती है जब आप अपनी हिंसा की प्रवृति पर अंकुश लगाकर

रखते हैं। वह न तो लापरवाह होता है और न ही उतावला। वह संयमित व्यक्ति होता है। परिणाम की परवाह किए बिना वह कुछ कर नहीं बैठता। अगर क्रोध भी उठता है तो वह उसके परिणाम के विषय में भली-भांति सोच लेता है।

अपनी छवि तराशते समय वह सच्चाई का पक्ष ले। छवि तराशने का अर्थ है अपनी छवि बनाते समय वह सच्चाई का पक्ष ले। (हर शासक या उच्च अधिकारी अपनी छवि तराशता है। उसके मन में एक छवि होती है और वह चाहता है कि और लोग उसे वैसा देखें। इसलिए वह इसी चाह के अनुसार अपनी छवि को ढालने का प्रयत्न करता है।) कन्फ्यूशियस कहते हैं कि जो छवि वह लोगों के सामने प्रस्तुत करना चाहता है वह वास्तविकता से बहुत भिन्न न हो। जितनी अभिन्न हो, उतना अच्छा। ऐसा होने पर वह वास्तविकता में जी रहा होगा और उसकी छवि बनी रहेगी। नहीं तो कुछ समय या साल बाद लोग जान लेंगे कि वह जो छवि दिखला रहा है और वास्तव में वह जो है उनमें बहुत असमानता है। और ऐसा होने पर वह उनकी नजरों से गिर जाएगा।

एक और कारण है कि कन्फ्यूशियस क्यों कहते हैं कि उसकी छवि सच्ची होनी चाहिए या वास्तविकता के करीब होनी चाहिए। वह इसलिए कि वे प्रसिद्धि की समस्याओं से भली-भांति परिचित हैं। प्रसिद्ध होने की एक बड़ी समस्या यह है कि आप इस पर निर्भर रहने लग जाते हैं कि दूसरे आपके बारे में क्या सोचते हैं। और अकसर दूसरे के मन में आपकी जो छवि होती है आप उसके अनुसार आचरण करने लग जाते हैं। वे जानते हैं कि ख्याति या फिर दूसरे के मन में आपकी बढ़ी-चढ़ी छवि आपको कठिनाई में डाल सकती है। वह इसलिए क्योंकि फिर आप दूसरे के हाथों में कठपुतली के समान होकर रह जाते हैं। अपनी प्रसन्नता के लिए दूसरों पर निर्भर रहना कोई अच्छी बात तो नहीं। इसका मतलब तो यह हुआ कि आपका जीवन पूरी तरह से दूसरे व्यक्ति के मन में बनी छवि पर आधारित हो गया। इसलिए ख्याल रहे कि आपकी छवि वास्तविकता के करीब हो।

आगे कन्फ्यूशियस कहते हैं कि वह अपने शब्दों और अपने स्वर में छिछलेपन और अनुपयुक्तता से बचता है। वे कहते हैं कि उच्च पदस्थ व्यक्ति बड़े ध्यान से शब्दों का चुनाव करता है। वह जानता है कि कब आदरपूर्ण होना है, कब मित्रतापूर्ण और कब अधिकारपूर्ण। वह नाप-तोल कर शब्दों का प्रयोग करता है। वह अपभाषा का प्रयोग नहीं करता, उसके शब्द उचित होते हैं और उसका स्वर भी उचित होता है। कुल मिलाकर वह सही स्वर में सही शब्दों का उच्चारण करता है।

३४
एक भला व्यक्ति जिस प्रकार मध्य के मार्ग का अनुसरण करता है

वह वैसा ही होता है जैसे लंबी दूरी तक चलना।
जहां वह खड़ा होता है वहीं से आरंभ करना होता है।
वह एक ऊंचे पर्वत पर चढ़ने के समान होता है।
उसे नीचे से आरंभ करना होता है।

कन्फ्यूशियस कहने का प्रयत्न कर रहे हैं कि मध्य का मार्ग या फिर बीच का रास्ता एक लंबी यात्रा के समान है, वह एक पहाड़ पर चढ़ने जैसा है। तो कैसे शुरुआत करें या कहां से आरंभ करें? जहां आप हैं वहीं से आरंभ करना होगा। जब आप एक पर्वत के नीचे खड़े होते हैं तो आप ऊपर पर्वत की तरफ देखते हैं और जहां आप हैं वहीं से चढ़ाई आरंभ करते हैं। कन्फ्यूशियस जानते हैं कि आरंभ करना कठिन है। आरंभ करने या शुरू करने में दो कठिनाइयां होती हैं। जब कोई बहुत बड़ा काम सामने होता है तो हम पहली सीढ़ी पर नजर नहीं जमाते। हम सारी सीढ़ियों को देखकर स्तब्ध रह जाते हैं। इसीलिए गोथ ने कहा कि निर्भीकता में विशिष्टता है। जो भी आप करना चाहें निर्भीकता के साथ आरंभ करें। वे आरंभ करने पर जोर दे रहे हैं क्योंकि वे जानते हैं कि एक बार आपने आरंभ कर दिया तो आप पूर्णता तक आखिर पहुंच ही जाएंगे। हम आरंभ करने में ही बहुत समय गंवा देते हैं। कन्फ्यूशियस कह रहे हैं कि नीचे के स्थानों से आरंभ करो, जहां हो वहीं से आरंभ करो। आरंभ करने में कठिनाई होने का दूसरा कारण है उस कार्य की अभी तक की निष्क्रियता। आरंभ से कुछ भी करना कठिन है। आपको डर लगता है। यही कारण है कि बहुत से लेखक अकसर बीच वाक्य में ही उस दिन का लेखन कार्य रोक देते हैं। यानि उस दिन का कार्य समाप्त करते समय वे आखिरी वाक्य को अधूरा छोड़ देते हैं। वे इसलिए बीच वाक्य में ही रुक जाते हैं ताकि अगली सुबह पहले दिन के अधूरे वाक्य को देख कर कुछ विचारों की श्रृंखला चल निकले। ऐसा करने से नए सिरे से आरंभ करने की जड़ता से मुक्ति मिलती है और वे अगले दिन आसानी से लेखन कार्य आरंभ कर पाते हैं।

मीरो एक महान चित्रकार था। न केवल वह सौंदर्यबोध से युक्त था बल्कि वह बहुत कल्पनाशील भी था। परंतु अपने क्षेत्र में कुछ वर्षों तक सक्रीय रहने के बाद उसके मन में एक अवरोध उत्पन्न हो गया। क्या था वह अवरोध? जैसे ही वह कैन्वस के आगे पहुंचता, वह स्तब्ध हो जाता। सारा शरीर सुन्न पड़ जाता। उससे ब्रश भी नहीं उठता और वह एक रेखा भी नहीं खींच पाता। तो फिर उसने क्या किया? उसने 'मीरो सितारे' की खोज की। वह सितारा जो कि हम कुछ त्रिभुजों के मेल से बनाते हैं। आपने बचपन में ऐसा सितारा जरूर बनाया होगा। कम्पयूटर के कीबोर्ड पर वह एस्ट्रिक्स के निशान के समान दिखता है। बिना कैन्वस की ओर देखे वह मीरो अपने सितारे को बना देता। उसे बनाना आसान था। वह ऐसे ही आरंभ करता। कुछेक सितारे बनाता और फिर संवेग प्राप्त होते ही पूरा चित्र बना डालता। और उसका मीरो का सितारा चित्र में ही छिपा रहता। उसके सारे चित्रों में मीरो का सितारा विद्यमान है।

इसलिए कन्फ्यूशियस कहते हैं कि बस आरंभ कर डालो। चोटी या मंजिल की चिंता मत करो। बस निकल पड़ो डगर पर। अपनी नजर चोटी पर नहीं, पहली सीढ़ी पर जमा कर आगे बढ़ो।

३५
अगर एक अच्छा आदमी पूरे 100 साल तक लगातार एक देश पर राज्य करे तो वह देश को बदल देगा।

सौ का आंकडा कन्फ्यूशियस ने बस यों ही चुन लिया। उनके कहने का मतलब है एक लंबे समय तक। अगर एक अच्छा आदमी लंबे समय तक शासन की बागडोर संभाले रखता है तो वह देश को परिवर्तित कर देगा। अच्छे आदमी से उनका मतलब है एक विवेकवान शासक।

एक विवेकवान शासक को पर्याप्त समय दे दो तो वह देश के स्वरूप को ही बदल देगा। ये शब्द बार-बार सत्य सिद्ध हुए हैं। जिन देशों ने प्रजातंत्र को नहीं अपनाया और जहां एक ही व्यक्ति ने, जो कि जनकल्याण चाहता था, कड़ाई से शासन किया वहां भी ये शब्द खरे उतरे हैं। पहले एक प्रजातंत्र, सिंगापुर का उदाहरण लेते हैं। ली कुआन यू, जिसने 1959 से 1990 तक सिंगापुर पर शासन किया, एक भला, कल्याण चाहने वाला और विवेकवान शासक था। पड़ोसी देशों, विशेषतः मलेशिया, के कारण देश पर पड़ने वाले सभी संकटों का उसने निपटारा किया। उसने देश के खोखले बुनियादी ढांचे का निपटारा किया और एक नया ढांचा खड़ा किया। जमीन की कमी और अशिक्षित जनसंख्या की विकट समस्याओं का भी निपटारा किया और सिंगापुर को वहां पहुंचा दिया जहां वह आज है। लगभग ऐसा ही चीन में भी हो रहा है - माओ ने पहले चीन पर राज्य किया और अब उसके शासन के परिणाम सारा संसार देखेगा। हो सकता है कि वह एक सख्त शासक रहा हो, परंतु उसने इसी तरह अच्छे तरीके से, जनकल्याण की चाह के साथ शासन किया। एशिया, अफ्रीका और लैटिन अमरीका के पिछड़े और अशिक्षित देशों के लिए बेहतर होगा कि एक कल्याण चाहने वाला और विवेकवान व्यक्ति देश पर शासन करे, बजाय इसके कि हर पांच साल बाद चुनाव प्रक्रिया द्वारा अयोग्य और भ्रष्ट नेताओं को सत्ता में लेकर आएं। अगर कोई राष्ट्र गरीब और पिछड़ा है तो बेहतर है कि एक अच्छा और शुभचिंतक अधिनायक सत्ता संभाले और शासन करे। बहुत संभावना है कि वह देश को उसके पिछड़ेपन से उभार दे।

अगर जनता इतनी सौभाग्यशाली नहीं है कि ऐसा शासक प्राप्त हो और वह अयोग्य और भ्रष्ट सरकार (जैसी कि हमें भारत में मिलती है) के भार तले दबी रहती है, तो उसे हर चुनाव में सत्ताधारी सरकार को उखाड़ फेंकना चाहिए जब तक कि यह संदेश साफ तौर पर नेताओं तक पहुंच न जाए।

३६

गीतों की पुस्तक कहती है कि साटन के कपड़ों को सूती कपड़ों से ढक कर रखें।

यह इसलिए कि साटन बहुत ही दिखावटी या भड़कीला होता है और एक भला मानुष अपने गुणों को छिपा कर रखता है। आखिर में तो गुण अपने आप ही उभर कर सामने आ जाएंगे। इसके विपरीत एक ओछा व्यक्ति दिखावा करता है, पर आखिर में जनता जान जाती है कि दिखावा ज्यादा था और सच्चाई कुछ खास नहीं। यानि मुखौटा असली चेहरे से कहीं सुंदर था। कन्फ्यूशियस चाहते हैं कि व्यक्ति लो प्रोफाइल बना कर रहे यानि ज्यादा दिखावा न करे। वे जानते हैं कि अगर वह दिखावा करेगा, चाहे अपने धन का या अपने गुणों का, तो ईर्ष्या होना स्वाभाविक है। और वह ईर्ष्या या तो उसकी सफलता के खिलाफ षडयंत्र पैदा कर सकती है या ऐसी अफवाहें फैला सकती है कि उसको सफलता बस भाग्यवश प्राप्त हुई है या बेइमानी से हासिल की गई है। साटन का भड़कीलापन लोगों की आंखों में चुभेगा और वे ईर्ष्यालू हो जाएंगे। इसलिए दिखावा न करें। साटन को सूती से ढक लें।

बल्कि कन्फ्यूशियस तो मानते हैं कि एक मुखिया को अपने धन का प्रदर्शन नहीं करना चाहिए, नहीं तो जो उसके साथ हैं या उसके सहयोगी हैं उनकी अपेक्षाएं बढ जाएंगी। कन्फ्यूशियस चाहते हैं कि जैसे एक लड़ाकू विमान राडार से बचने के लिए बहुत नीची उड़ान भरता है, वैसे ही आप भी लो प्रोफाइल बनाए रखें। तब तक ऐसा करें जब तक कि आप ईर्ष्या के बाणों की पहुंच से बाहर न हो जाएं।

यहां यह समझना आवश्यक है कि कन्फ्यूशियस यह भी मानते हैं कि अपव्यय से अवज्ञा पैदा होती है। जब आप अपने कर्मचारियों को बहुत अधिक वेतन देते हैं तो वे कुछ अधिक ही निश्चिंत होकर बैठ जाते हैं और यही निश्चिंतता की भावना अवज्ञा को जन्म दे सकती है क्योंकि फिर वे मानने लगते हैं कि वे किसी के अधीनस्थ होने की स्थिति से काफी ऊपर हैं और दूसरी बात यह कि उनको नियंत्रित करना वास्तव में कठिन साबित हो सकता है। इसलिए हर हाल में वे लो प्रोफाइल रखने या दिखावा न करने की सलाह देते हैं।

३७

प्राचीन काल की कठोर गरिमा गंभीर आत्मसंयम के रूप में स्पष्ट होती थी। आज के समय की गरिमा कलहप्रिय दुराग्रह के रूप में प्रकट होती है। प्राचीन काल में मूर्खता सीधेपन के रूप में स्पष्ट होती थी। आज के समय में मूर्खता प्रकट होती है धोखे के रूप में।

यहां कन्फ्यूशियस दो युगों की नहीं, दो पीढ़ियों की बात कर रहे हैं। वे भूतकाल और वर्तमान की पीढ़ियों की बात कर रहे हैं। पिछली और अब की पीढ़ियों की बात कर रहे हैं। वे कहते हैं कि प्राचीन काल की कठोर गरिमा गंभीर आत्मसंयम के रूप में स्पष्ट होती थी। यानि बुजुर्ग बहुत ही गंभीर बने रहते थे, तथा गरिमा और मर्यादा पर बहुत जोर था। अब स्थिति बिल्कुल उलटी हो गई है। आज की युवा पीढ़ी ठीक दूसरे छोर पर जा पहुंची है और बुजुर्ग पीढ़ी से बराबरी के साथ और उग्रता के साथ लड़ती है। कलहप्रिय दुराग्रह और अवज्ञा के साथ लड़ती है। इसलिए बहुत अधिक औपचारिकता और क्रमपरंपरा को पीछे छोड़कर अब हम अवज्ञा की स्थिति में आ पहुंचे हैं। कन्फ्यूशियस के अनुसार ये दोनों ही छोर गलत हैं, अविवेकवान होने के सूचक हैं।

प्राचीन काल में मूर्खता सीधेपन के रूप में स्पष्ट होती थी। यहां वे कह रहे हैं कि पिछली पीढ़ियों के सिद्धांतवादी लोग बहुत ही सीधे थे और दुनियादारी में होशियार नहीं थे।

राजपूत बड़े ही जांबाज योद्धा थे। विल ड्यूरांट ने उनकी तुलना चार्लमैग्न और राजा आर्थर से की है। इतने साहसी होने के बावजूद उन्होंने अपने राज्य खो दिए। राजपूत क्यों अपने राज्य खो बैठे और उनकी जनता क्यों गुलाम बनने को मजबूर हो गई इसके पीछे मुख्य कारण यह था कि वे नहीं जानते थे कि बुराई पर विजय प्राप्त करने के लिए आपको कभी-कभार खुद बुराई में उतरना पड़ता है। पूर्व में यही बात कृष्ण ने कही। पश्चिम में इस बात को मैक्याविली ने कहा। अच्छे आदमी में इतना साहस होना चाहिए कि वह बुराई में उतर सके।

राजपूत ऊंचे-ऊंचे सिद्धांतों का पालन करते थे, जैसे कि सूर्यास्त के बाद लड़ना नहीं। मुगल आक्रमणकारी जानते थे कि राजपूत अपने रीतियों पर अडिग रहेंगे और इसीलिए उन्होंने रात में आक्रमण किए और फलस्वरूप उनका मुकाबला नहीं हो सका। यह राजपूत नरेशों का धर्म था कि वे उस सिद्धांत को एक तरफ करके इन आक्रमणों का डट कर सामना करते। उन्होंने ऐसा नहीं किया और उन्हें अपने राज्यों से हाथ धोना पड़ा। उनकी जनता की स्वतंत्रता जाती रही। सिद्धांत का काम होता है व्यक्ति को ऊंचा उठाना, उसे बंधन में डालना नहीं। अच्छाई की विजय होनी चाहिए। जब अच्छाई के पक्ष की पराजय होती है तो यह अच्छाई के विरुद्ध सबसे बुरा षड़यंत्र साबित होता है। हमने स्वतंत्रता खोई अपने अविवेकवान नेताओं के कारण। उन्हें नहीं पता था कि कब सिद्धांतों को एक तरफ रख देना चाहिए।

आज के समय में मूर्खता प्रकट होती है धोखे के रूप में। आज लोग दूसरे छोर पर जा पहुंचे हैं, ठीक दूसरी तरफ जा खड़े हुए हैं। वे किसी भी सिद्धांत को नहीं मानते। कन्फ्यूशियस ऐसे लोगों के पूर्णतः खिलाफ हैं।

३८

गरीब होकर बड़बड़ाते न रहना बड़ा कठिन है। अमीर होकर बिना घमंड के रहना आसान है।

यहां कन्फ्यूशियस कह रहे हैं कि बिना घमंड के अमीर बने रहना आसान है। जब आप धनवान होते हैं तो आप सौभाग्यशाली अनुभव करते हैं। आप सहज और निश्चिंत बने रहते हैं और उन लोगों के प्रति करुणावान बने रहते हैं जो कि आप की तरह इतने सौभाग्यशाली नहीं हैं। सभी धनवान लोग एहसास तो करते ही हैं कि कहीं तो भाग्य का भी हाथ है उनके धनी होने में। वे यह भी जानते हैं कि घमंड से उनका पतन हो सकता है।

इन्हीं सब कारणों की वजह से बिना घमंड के धनवान बने रहना ज्यादा आसान है, बजाय इसके गरीब होते हुए न बड़बड़ाना। जब आप निर्धन होते हैं तो बड़बड़ाना स्वाभाविक है। क्योंकि निर्धनता में जीवन की आवश्यकताएं पूरी न होने के कारण आप बेचैन हो जाते हैं। हो सकता है कि आपका परिवार भी आपको परेशान कर दे कि आप उनकी जरूरतों को पूरा नहीं कर पाते। यह भी हो सकता है कि समाज के संपन्न वर्ग के कुछ अविवेकवान लोग आपको समाज में उचित स्थान न प्रदान करके आपको विचलित कर दें। ऐसे लोग आपका मूल्यांकन आपकी आर्थिक स्थिति से करते हैं, न कि आपके गुणों से। इसीलिए एक गरीब का बिना बड़बड़ाए रहना कठिन है।

३६

ज़ेकुन ने कहा आप क्या कहेंगे एक गरीब व्यक्ति के बारे में जो कि चापलूसी नहीं करता और क्या कहेंगे एक धनी के बारे में जो कि घमंडी नहीं है। गुरु ने कहा वे अच्छे हैं, परंतु ऐसे व्यक्ति की बराबरी नहीं कर सकते जो कि गरीब तो है पर खुश है और न ही उसकी जो कि अमीर तो है पर मर्यादा का पालन करना पसंद करता है।

गरीब आदमी जो चापलूसी नहीं करता! इसका अर्थ है वह व्यक्ति जो कि आत्म सम्मान युक्त है और जो अमीर आदमी की चापलूसी करके उसके अहंकार को पोषित नहीं करता। और जो अमीर आदमी घमंड नहीं करता वह अपने अहंकार को स्वयं पोषित नहीं करता। वह धनवान है बस इसलिए वह अपने आप को औरों से या निर्धनों से बड़ा या महान नहीं समझता। गुरु (कन्फ्यूशियस) के अनुसार ऐसे लोग बेशक अच्छे होते हैं, पर वे उसकी बराबरी नहीं कर सकते जो कि गरीब रहकर भी खुश है।

यहां कन्फ्यूशियस अहंकार से भी आगे की बात कर रहे हैं। वे उस व्यक्ति की प्रशंसा करते हैं जो कि गरीब है पर फिर भी खुश है। वे कहना चाहते हैं कि अहंकार को शांत करने से भी बड़ी एक उपलब्धी है और वह है आत्मा को शांत करना। इसी तरह वे कहते हैं कि वे उस अमीर आदमी के प्रति भी श्रद्धा रखते हैं जो कि अमीर तो है पर मर्यादा का पालन करना पसंद करता है। वह धनी है, पर उस अमीरी ने उसका दिमाग नहीं फिराया। धन है उसके पास, पर उसकी बुद्धि संयमित है। वह गुणों और मर्यादा को सराहता है।

४०

तीन चीजें होती हैं जिनसे एक श्रेष्ठ व्यक्ति बचता है।
युवावस्था में जब शारीरिक शक्ति संयमित नहीं हुई होती
तो वह कामुकता से बचता है।
जब वह बलवान होता है और शारीरिक शक्ति चरम सीमा पर होती है
तो वह झगड़े से बचता है।
जब वह बूढ़ा होता है और उसकी पाश्विक शक्तियां क्षीण हो जाती हैं
तो वह लोभ से बचता है।

यहां कन्फ्यूशियस स्वयं से बचाव की बात कर रहे हैं। वे कह रहे हैं कि बांध खड़े किए जाएं ताकि जीवन की नदी बाढ़ न ले आए। वे मानव जीवन की तीन अवस्थाओं की बात कर रहे हैं और बता रहे हैं कि हरेक अवस्था में कैसा बांध खड़ा किया जाए और किस प्रकार नियंत्रण स्थापित किया जाए।

युवावस्था में जब शारीरिक शक्तियां संयमित नहीं हुई हों तो व्यक्ति कामुकता से बचता है। क्योंकि उस समय कामुकता तीव्र होती है और प्राकृतिक उत्तेजना चरम सीमा पर होती है तो वह कामुकता से बचता है ताकि बहक न जाए।

जब वह बलवान होता है और शारीरिक शक्ति चरम सीमा पर होती है तो वह झगड़े से बचता है ताकि औरों को चोट न पहुंच जाए या फिर उनमें बदले की भावना न पैदा हो जाए। वह हिंसा से बचता है, वह लापरवाही से बचता है और दुःसाहस से बचता है क्योंकि तब शारीरिक शक्ति चरम सीमा पर होती है। अपने परिवार के सदस्यों यानि पत्नी, बच्चों आदि के साथ भी वह नियंत्रित रहता है। उसकी शारीरिक शक्ति के कारण कोई भी उसका सामना नहीं कर सकता। उसे इस शारीरिक शक्ति से अपना बचाव करना होता है ताकि कहीं वह दूसरों और स्वयं की हानि न कर बैठे।

जब वह बूढ़ा होता है और उसकी पाश्विक शक्तियां क्षीण हो जाती हैं तो वह लोभ से बचता है।

एक बार शारीरिक शक्ति क्षीण हो जाए तो व्यक्ति को लोभी नहीं होना चाहिए। बल्कि उसे वीतरागी होना चाहिए। अगर वह निर्लिप्त नहीं है तो जब कुछ उसके हिसाब से नहीं होगा वह विचलित हो जाएगा। इससे कोई बीमारी पैदा हो जाएगी। वह बेचैन हो जाएगा। और अगर वह फिर भी लोभी बना रहता है तो उसके प्रयास विफल हो जाएंगे या बेकार हो जाएंगे क्योंकि अब उसमें शारीरिक शक्ति नहीं है और वह इतना बलवान नहीं है।

४१

एक बड़ा सुंदर कीमती रत्न है यहां।
क्या इसे एक डिब्बे में बंद करके अपने पास रख लूं
या इसकी अच्छी कीमत वसूलते हुए इसे बेच दूं?
बेच दो! बेच दो!
पर अच्छी कीमत तो लगने दो।

यहां कन्फ्यूशियस विलंबित इच्छा पूर्ति की बात कर रहे हैं। सोचो एक तीन साल के बच्चे को एक तरफ दस हजार रुपये दिए जाएं और एक तरफ चॉकलेट का डिब्बा दिया जाए। जाहिर सी बात है कि वह चॉकलेट लेगा। वह अभी इतना बुद्धिमान नहीं है कि समझ सके कि दस हजार रुपये से वह कई दिनों तक बहुत सी चॉकलेट खरीद सकता है। वह नहीं जानता कि इच्छा पूर्ति को स्थगित कैसे किया जाता है। वह तत्काल इच्छा पूर्ति चाहता है, भोग चाहता है। इसी प्रवृति से बचने की बात यहां कन्फ्यूशियस कर रहे हैं।

शिष्य कहता है कि उसे एक बड़ा सुंदर, कीमती रत्न मिला है। वह उसे एक डिब्बे में बंद करके अपने पास रखे या उसकी अच्छी कीमत वसूले? कन्फ्यूशियस उत्तर देते हैं कि शिष्य उसको बेच दे, पर प्रतीक्षा करे कि कोई उसकी अच्छी कीमत लगाए। सही आदमी की प्रतीक्षा करे जो कि सही दाम लगाए और जो उसका सही मूल्यांकन कर सके।

एकॉर्न (बंजुफल, जो कि समृद्धि का प्रतीक है) ओक (बांज) नामक पेड़ का बीज है। वह तभी फलता है जब पेड़ परिपक्व या बड़ा हो जाता है। यही यहां पर कहा जा रहा है। अर्थात धैर्य रखना आवश्यक है। जब ओक परिपक्व हो जाता है तभी उस पर एकॉर्न लगते हैं, जिनसे ओक के और विशाल पेड़ जन्म सकते हैं। इसलिए कन्फ्यूशियस यहां धैर्य की बात कर रहे हैं। वे कह रहे हैं कि धैर्य रखो। जो आपके पास है उसे अपने पास सुरक्षित रखो जब तक कि सही ग्राहक नहीं मिल जाता।

४२

दूर से देखने पर वह कठोर नजर आता है,

पर पास आने पर वह सौम्य दिखाई देता है।
जब वह बोलता है तो उसकी भाषा सुदृढ़ और सुनिश्चित होती है।

यहां कन्फ्यूशियस एक शासक की बात कर रहे हैं जो कि दूर से कठोर दिखता है और दिखना भी चाहिए ताकि बुरी नीयत वाले लोग यह न समझ बैठें कि वह बड़ा सीधा-सादा है। पास आने पर वह सौम्य दिखता है क्योंकि वह न तो अपने आप को बहुत गंभीरता से लेता है और न ही बहुत हलके ढंग से। वह संयम और संतुलन के मार्ग का पालन करता है। वह शिष्टता से बात करता है और मिलता है, पर साथ में उसके व्यवहार में गरिमा भी रहती है। इसीलिए जब वह बोलता है तो उसकी भाषा सुदृढ़ और सुनिश्चित होती है। संक्षेप में कहें तो जिसका साहस और जिसके हाव-भाव एक सेनापति के होते हैं और जिसकी करुणा एक संत की होती है वही एक सच्चा शासक होता है।

४३

जब समझौते सच्चाई के आधार पर होते हैं
तो जो बोला जाता है उसे पूरा किया जा सकता है।
जब मर्यादा के आधार पर सम्मान दिया जाता है
तो व्यक्ति ग्लानि और कलंक से बचा रहता है।

यहां कन्फ्यूशियस कह रहे हैं कि जब तक कि समझौता नीति और सच्चाई पर आधारित रहता है उस पर पूरी तरह अमल किया जा सकता है। बल्कि किसी भी अनुबंध की पूर्ति का आश्वासन उसकी शर्तों में निहित नहीं होता। वह निहित होता है सही लोगों से समझोता करने में और सही नीति को अपनाने में। सही लोगों से संबंध बनाने और सही नीति अपनाने से अनुबंध को मान्यता प्राप्त होती है, और फिर जो कुछ भी बोला जाता है उसे पूरा किया जाता है।

जब मर्यादा के आधार पर सम्मान दिया जाता है, तो व्यक्ति ग्लानि और कलंक से बचा रहता है। यहां कन्फ्यूशियस और भी गहराई में जाकर कह रहे हैं कि अगर आप किसी को जरूरत से ज्यादा या कम सम्मान देते हैं तो आपको ग्लानि महसूस होती है। अगर कोई सम्मान के लायक है और आप उसे उचित सम्मान नहीं दे पाते तो आप थोड़ा बेचैन महसूस करते हैं। इसी प्रकार जब आप जरूरत से अधिक सम्मान देते हैं तो भी आप थोड़ा बेचैन अनुभव करते हैं। भविष्य में यह कठिनाई पैदा कर सकता है। पूर्वी समाज में यह अकसर होता है, विशेषतः जब पूर्व के लोग पश्चिम के लोगों से मिलते हैं। पूर्व में बुजुर्गों, सफल व्यक्तियों और अतिथियों को सम्मान प्रदान किया जाता है। पश्चिम में सम्मान का तत्व काफी हद तक देखने को ही नहीं मिलता। इसलिए जब एक पश्चिम का

व्यक्ति एक पूर्व के व्यक्ति के संपर्क में आता है तो जो सम्मान उसे प्राप्त होता है उससे वह प्रसन्न हो जाता है। फिर कुछ समय बाद वह उसका आदी हो जाता है। अपने मन में वह पूर्व के व्यक्ति को अपने से निम्न भी समझने लग सकता है। और यह समस्या कई प्रकार से उभर कर सामने आ सकती है।

उदाहरण के तौर पर जैसा कि हमने हाल में क्रिकेट की दुनिया में देखा। जब ऑस्ट्रेलिया या इंग्लैंड से क्रिकेट के खिलाड़ी पहली बार भारत आते हैं तो उन्हें पूरे समाज से सम्मान मिलता है। पहली बार तो वह इस सम्मान से अनभिज्ञ होते हैं। पर फिर वे इसके आदी हो जाते हैं। पर जब पश्चिमी खिलाड़ी देखता है कि भारतीय खिलाड़ी अपने आप को उनके समकक्ष समझ रहा है तो उसको यह अच्छा नहीं लगता। वह सोचता है, तेरा पूरा समाज तो मेरा इतना सम्मान कर रहा है और तुझमें इतनी अकड़ है कि अपने आपको मेरे बराबर समझ रहा है। और इसके फलस्वरूप वह भारतीय खिलाड़ियों के साथ दुर्व्यवहार कर बैठता है और भारतीय खिलाड़ी रंगभेद का आरोप लगाने लग जाते हैं।

कन्फ्यूशियस कहते हैं कि किसी को न तो जरूरत से कम सम्मान दो और न ही अधिक। और जिसको सम्मान दिया जा रहा है उसकी सांस्कृतिक पृष्ठभूमि का भी ख्याल रखो और यह भी विचार में रखो कि कहीं आपके सम्मान को वह गलत दृष्टि से तो नहीं ले रहा। ऐसा विवेक आपको निश्चिंत करेगा और फिर सम्मान देकर आपको बेचैनी महसूस नहीं होगी। इसके अतिरिक्त दूसरा व्यक्ति भी अपनी हद को समझेगा क्योंकि आपने उसे उचित सम्मान दिया है और इससे आपके संबंध मधुर बने रहेंगे।

४४

तैयारी से सफलता सुनिश्चित होती है, तैयारी न रखना असफलता का द्योतक है। तैयारी के दो मतलब हैं – एक विचार की तैयारी और दूसरा कर्म (अभ्यास) की तैयारी।

कन्फ्यूशियस मानते हैं कि बोलने से पहले विचार कर लेने से वाकपटुता निश्चित होती है। कुछ करने से पहले विचार करने से यह सुनिश्चित हो जाता है कि मार्ग की सारी बाधाएं दूर हो जाएंगी। अपने कर्तव्य का पालन करने से पहले विचार करने से अंतःकरण सुदृढ़ होता है। और सिद्धांतों का पालन करने से पहले विचार करने से उनका अभ्यास अबाध रहता है।

तो कन्फ्यूशियस के अनुसार तैयारी का एक पहलू है विचार - मानसिक तैयारी। और उसका दूसरा पहलू है भौतिक तैयारी।

बिल गेट्स ने कहा है, "मैंने स्कूल और कॉलेज में एक बहुत ही खराब आदत डाल ली। लोगों के मन में मेरी छवि थी कि बिल बस आखिर में कुछ समय के लिए पढ़ाई करता है और मुझे वह छवि बहुत भाने लगी। इतनी अच्छी लगी वह छवि कि मैं वास्तव में आखिरी समय में पढ़ कर परीक्षा में बैठने लग गया। और साथ ही यह भी सोचने लग गया कि बाहर की दुनिया में भी यही तरीका काम करेगा। जब मैंने व्यवसाय की असली दुनिया में प्रवेश किया तो मुझे एहसास हुआ कि यह तरीका तो बहुत महंगा साबित हो रहा है। मुझे असफलता ही हाथ लग रही थी। फिर मैंने पूरे बोध के साथ उस छवि के प्रति अपने मोह को तोड़ा और आखिरी क्षण में काम करने की अपनी आदत को बदला तथा जितने भी विशेष आयोजन और सम्मेलन होने थे उनके लिए मैं कई घंटे और कई दिन मेहनत करने लगा। फिर मुझे सफलता हाथ आई।"

कन्फ्यूशियस कहते हैं कि आपको मानसिक रूप से तैयार रहना चाहिए और साथ ही अभ्यास में भी उचित परीश्रम करना चाहिए।

४५
मनुष्यों के प्रति अपने कर्तव्यों का पूरे मन से पालन करना और आध्यात्मिक जीवों का सम्मान करते हुए उनसे दूरी बनाए रखना, यही विवेक है।

कन्फ्यूशियस सलाह देते हैं कि हम आध्यात्मिक जीवों से दूरी बनाए रखें क्योंकि उनके अनुसार आध्यात्मिक मान्यताओं से कहीं अधिक महत्वपूर्ण है समाज का कल्याण। कन्फ्यूशियस जानते थे कि जो देश पुण्य अर्थात धर्म और आध्यात्मिकता के पीछे ज्यादा भागता है वह आखिर गुलाम हो जाता है। उनकी यह मान्यता बार-बार सही सिद्ध हुई है। चाहे वह महान भारतीय साम्राज्य हो या शक्तिशाली चीनी साम्राज्य या पुर्तगाल या मिस्र, सभी बस पहाड़ों पर बने मठों और मंदिरों के पीछे पागल बने रहे। कन्फ्यूशियस के अनुसार अंधी आध्यात्मिक आसकती समाज को पतनोन्मुख, गरीब और अव्यवस्थित बना देती है।

फिर क्या है जो समाज के लिए हितकारी है?

समाज के लिए हितकारी है अपने कर्तव्य का पालन करना। कन्फ्यूशियस मनुष्य को प्रेरित करते हैं कि वह समाज में साकारात्मक योगदान करे और समाज में उसकी जो भी भूमिका है उसे बखूबी और पूरे मन से निभाए। घर पर वह अपने पुत्र के लिए अच्छा पिता बने, अपने पिता के लिए अच्छा पुत्र बने और एक अच्छा पति भी सिद्ध हो। और घर से बाहर वह अच्छा नागरिक, अच्छा कर्मचारी, अच्छा मालिक, और यदि शासक हो तो, अच्छा शासक बने। बस

इतना भर करने से व्यक्ति आसानी से ऋषि तुल्य बन जाता है या चीनी भाषा में कहें तो रुशी बन जाता है, जिसका अर्थ होता है सम्मिलित और संसारी।

इसके अतिरिक्त अगर व्यक्ति इस लोक में सफल है तो परलोक में भी सफल होने की संभावना बढ़ जाती है। क्यों?

संसार में विकास के लिए व्यवस्था और संगठन की आवश्यकता होती है। आध्यात्मिक विकास में भी ऐसा ही है। जो इस संसार में सफल है उसने वह व्यवस्था कायम कर ली है जो कि आध्यात्मिक स्तर पर सफलता के लिए आवश्यक है। आध्यात्मिक लोक में भी सफलता के लिए व्यवस्था का ज्ञान आवश्यक है।

४६

एक अच्छा आदमी देखने को नहीं मिलता।
क्या मैं एक ऐसे व्यक्ति को देख सकता हूँ
जो कि ऐसी एकनिष्ठता से युक्त हो जो मुझे संतोष दे सके।
न होने पर भी दिखाना कि है
खाली होने पर भी दिखावा करना कि भरा है
अकड़ा होना, पर निश्चिंत होने का दिखावा करना।
ऐसी अवस्था में रहकर स्थिर होना कठिन है।

कन्फ्यूशियस सामंजस्य और सत्य को पसंद करते हैं। वे पाखंड़ के विरुद्ध हैं। वे मानते हैं कि एक आध्यात्मिक व्यक्ति कुछ भी पास न होने पर भी दिखावा करता है कि उसके पास है। वह दिखावा करता है कि वह भरा है जबकि वह होता खाली है। वह दिखाता है कि वह तनावमुक्त है पर होता है अकड़ा हुआ। वे मानते हैं, और यह बात भी बार-बार सच साबित हुई है, हर जगह और हर काल में, कि पंडित और पुरोहित वादे बड़े-बड़े करते हैं पर वे वादे पूरे बहुत कम हो पाते हैं।

एक आदमी था जिसके पास इच्छा पूर्ण करने वाला क्रिसटल था। अगर वह उससे कहता "मुझे एक लाख रुपये दे दो" तो तत्काल वह क्रिसटल एक लाख प्रकट कर देता। उस आदमी के पास बहुत पैसा था और वह बड़े मजे से जिंदगी गुजर कर रहा था। फिर एक दिन एक सन्यासी उसके घर आ पहुंचा। वह एक रात के लिए आश्रय चाहता था और वह आदमी उसकी ख़ातिर करने को तैयार हो गया। रात को सोने से पहले उस सन्यासी ने थोड़े संदेहजनक ढंग से अपने कमरे का दरवाजा बंद कर लिया। वह आदमी उत्सुकता से दरवाजे में चाबी लगाने वाले छेद से भीतर झांक कर देखने लगा कि आखिर वह सन्यासी कर क्या रहा है। सन्यासी की पीठ उसकी

तरफ थी। उसने एक थैला खोला और उसमें से एक क्रिसटल निकाला। उसने देखा कि सन्यासी का क्रिसटल उसके क्रिसटल से कहीं बड़ा था। फिर उसे फर्श पर रखकर उस सन्यासी ने कहा, “मुझे एक नारियल दो।” तो क्रिसटल में से उत्तर आया, “मैं तुम्हें दो दूंगा।” सन्यासी ने कहा, “मुझे एक सोने की थाली दो।” क्रिसटल ने उत्तर दिया, “मैं तुम्हें दो दूंगा।”

उस आदमी को ईर्ष्या हो गई। उसका क्रिसटल तो कुछ भी मांगने पर एक ही देता था, पर उस सन्यासी का क्रिसटल जो भी मांगा जाता उससे दुगुना देता।

अगली सुबह जब सन्यासी घर से जा रहा था तो उस आदमी ने उससे विनती की कि वह क्रिसटल अदल-बदल कर ले। सन्यासी मान गया। उन्होंने आपस में क्रिसटल बदल लिए और फिर वह आदमी सन्यासी को रेलवे स्टेशन तक छोड़ आया। उस नए क्रिसटल को परखने के लिए वह इतना बेताब था कि लगभग सारे रास्ते भागते हुए घर पहुंचा। फिर उस क्रिसटल को सामने रख कर वह बोला, “मुझे दस लाख रुपये दे दो।” क्रिसटल में से आवाज आई, “मैं तुम्हें बीस लाख दूंगा।” वह आदमी तो रोमांचित हो उठा और बीस लाख प्रकट होने की प्रतीक्षा करने लगा। पर जब कुछ भी नहीं प्रकट हुआ, तो वह बोला, “अच्छा चलो, मुझे बीस लाख दे दो।” तो इस पर क्रिसटल ने उत्तर दिया, “मैं तुम्हें चालीस दूंगा।” वह आदमी बोला, “दो फिर चालीस लाख।” इस पर क्रिसटल बोला, “मैं तुम्हें अस्सी लाख दूंगा।” और इसी तरह चलता रहा। तब उस आदमी ने अपना माथा पीटा और एहसास किया कि यह सन्यासी का क्रिसटल सन्यासी जैसा ही है, बस बोलता है, देता कुछ नहीं।

अधिकतर सन्यासी ऐसे ही होते हैं। वे कहते हैं, परंतु देते कुछ नहीं। दे भी नहीं सकते। और हो सकता है कि जो आप के पास हो, उसे भी लेकर चलते बनें। बल्कि कुछ पंडित और पुरोहित तो चोरों से भी गए गुजरे होते हैं। चोर तो फिर आपका माल भर चुराता है, पर एक पुरोहित तो आपकी आत्मा ही चुरा लेता है। वह आपको एक मरीचिका के पीछे दौड़ा देता है और आप में डर बैठा देता है।

कन्फ्यूशियस आध्यात्मिकता के पक्ष में नहीं हैं। वे मानते हैं कि सम्मिलित होकर और संसारी होकर आप आध्यात्मिक आनंद प्राप्त कर ही लेंगे।

बुद्ध भी यही मानते हैं। बुद्ध के जीवन से जुड़ी एक घटना है। एक आदमी ने उनसे पूछा, “क्या ईश्वर है?” बुद्ध चुप रहे। उस आदमी ने फिर पूछा, “क्या आत्मा है?” बुद्ध ने फिर कोई जवाब नहीं दिया। आखिर में उस आदमी ने पूछा, “क्या पीड़ा और दुख हैं?” इस बार बुद्ध ने कहा, “हां, पीड़ा और दुख हैं और इनसे छुटकारा पाने का उपाय भी है। अगर तुम जानना चाहते हो तो मैं तुम्हें बता सकता हूं।”

बुद्ध ने पहले दो प्रश्नों का उत्तर क्यों नहीं दिया? क्योंकि वे जानते थे कि जब तक वे प्रश्नकर्ता को ईश्वर और आत्मा के विषय में बताना समाप्त करेंगे तब तक दोनों की ही मृत्यु हो चुकी होगी। पर अगर उस आदमी को पीड़ा और दुख से छुटकारा दिला दिया जाए तो वह अवश्य आध्यात्मिक आनंद को प्राप्त कर लेगा और फिर ऐसे प्रश्न उसके ज़हन में ही नहीं उठेंगे।

अंधी आध्यात्मिकता अकसर आदमी को कायर बना देती है। और यही नहीं, उसको फालतू की ढकोसलेबाजी में फंसा कर आध्यात्मिकता जीवन के अनुभवों से उसे वंच्छित कर देती है।

कन्फ्यूशियस जैसे कर्मशील व्यक्ति मानते हैं कि आध्यात्मिकता पर बहुत अधिक बल व्यक्ति को कर्महीन बना देता है। जरूरतमंदों के प्रति करुणा कन्फ्यूशियस को कर्म पर जोर देने पर मजबूर करती है। वे जानते हैं कि इन कर्मों द्वारा अकसर परमात्मा के साक्षात्कार हो जाते हैं, वह भी बहुत ही शीघ्र। यही नहीं, कर्म के द्वारा फालतू के मायाजाल से भी बचाव हो जाता है और व्यक्ति स्वयं को ठोस आध्यात्मिक धरातल पर पाता है। वे जानते हैं कि आध्यात्मिकता जीवन का एक महत्वपूर्ण पक्ष है, परंतु उसे जीवन का आधार नहीं बना लेना चाहिए। नहीं तो कुछ समय बाद एहसास होगा कि सदा स्वर्ग में डटे रहने पर स्वर्ग से भी बोरियत हो उठती है। कन्फ्यूशियस कर्मशील हाथों में विश्वास रखते हैं, न कि मंत्र उच्चारित करते होठों में।

कबीर

का आध्यात्मिक ज्ञान

भावानुवाद: अरविंद भारद्वाज

भूमिका

संत कबीर भारतीय कवि-विचारकों में से सबसे अद्वितीय रहे हैं। उनके दोहों का कई भाषाओं में अनुवाद हुआ है और अनेक प्रकार से उन दोहों की व्याख्या भी हुई है। परंतु यह व्याख्याऐं अधिकतर सैद्धांतिक रही हैं। कोई भी व्याख्या कबीर गुरू के प्रति पूरा न्याय नहीं कर पाई है।

आध्यात्मिकता के परम शिखर को प्राप्त, कबीर मात्र एक आध्यात्मिक गुरू नहीं थे। आगे के पृष्ठों में कबीर के दोहों का सार तत्व प्रस्तुत किया गया है, एक कवि या आध्यात्मिक गुरू के रूप में नहीं अपितु सफलता के गुरू के रूप में। इस अप्रतिम कृति में विज़्डम गुरु पवन चौधरी ने स्पष्ट किया है कि कबीर ने किस प्रकार शिक्षा, प्रेम, मित्रता, विनम्रता, साहस, इच्छा, सफलता, लालच, वाकपटुता, ज्ञान तथा जीवन के अन्य आयामों से संबंधित ऐसी समस्याओं का समाधान प्रस्तुत किया है जो कि यदा-कदा हमारे जीवन में आती ही रहती हैं। इन्हें पढ़कर व्यक्ति सोचने पर मजबूर हो जाता है कि क्या कबीर को इक्कीसवीं सदी की समस्याओं के बारे में पूर्वानुमान था या फिर जीवन की मूलभूत समस्याएं क्या सदा से ये ही रही हैं।

क्या बोध प्राप्ति या मोक्ष एक भ्रम है?
आत्म-ज्ञान क्या है?
आध्यात्मिक व्यक्ति के क्या लक्षण होते हैं?
क्या आध्यात्मिकता तथा भौतिक सफलता का समन्वय हो सकता है?
सफलता प्राप्ति के लिए हम स्थायी आधार किस प्रकार बना सकते हैं?

उपरोक्त प्रश्नों के भी समाधान ढूंढने के साथ-साथ प्रस्तुत व्याख्या अन्य बहुत से प्रश्नों के उत्तर प्रदान करती है। इस पुस्तक में हमने उन दोहों का विश्लेषण करने और उन दोहों पर टिप्पणी करने का प्रयत्न किया है जो कि अतिशयोक्तिपूर्ण नहीं हैं। ये सत्य हैं, व्यावहारिक हैं और जीवन का सनातन सार अपने में समेटे हुए हैं। कबीर के आध्यात्मिक ज्ञान के माध्यम से आपको सफलता के मार्ग पर अग्रसर करते हुए, यह पुस्तक आत्म-ज्ञान और आत्म उपलब्धि के अभूतपूर्व सूत्र प्रदान करती है।

कबीर का आध्यात्मिक ज्ञान

कबीर एक निष्कपट एवं स्पष्टवादी व्यक्तित्व हैं। उन्होंने गुरू-शिष्य परंपरा और संबंध पर गहराई से विचार व्यक्त किए हैं। हम गुरू-शिष्य संबंधों पर उनके द्वारा उच्चारित कुछ दोहों से इस पुस्तक का आरंभ करते हैं। पूरे विश्व में शायद ही कोई अन्य व्यक्ति हो जिसने गुरू-शिष्य संबंध का इतना गहराई से विश्लेषण किया हो। ज्ञान के आदान-प्रदान की प्रक्रिया में जो कुछ भी बाधक सिद्ध हो सकता है, उसकी ओर उन्होंने निडरता से सचेत किया है। स्पष्टवादी होने के कारण वे अनुभव करते हैं कि स्पष्टवादिता से समय बचता है। इससे संसाधन भी बचता है। और सबसे महत्वपूर्ण बात यह है कि कबीर भली भांति समझते हैं कि स्पष्टवादिता लोगों को वाद-विवाद के लिए प्रेरित करती है जिसके फलस्वरूप विवेक बढ़ता है। प्रस्तुत दोहों के द्वारा कबीर वास्तव में पाठक को विचारशील होने के लिए प्रेरित करते हैं और पाठक को ऐसा प्रतीत होता है मानो कबीर के साथ सीधी वार्ता हो रही हो।

१

आगे अंधा कूप में, दूजा लिया बुलाय।
दोनो डूबे बापुरे, निकसे कौन उपाय।।

कबीर ऐसे गुरू को सचेत कर रहे हैं जो स्वयं अभी अज्ञान रूपी अंधकार में डूबा है। ऐसा गुरू न केवल स्वयं अंधकार में डूबा रहता है बल्कि अपने किंकर्तवयविमूढ़ शिष्य को भी डुबो कर उसकी अवस्था को और दयनीय कर देता है।

अब हम यह समझने का प्रयत्न करते हैं कि कबीर आखिर इस दोहे में कहना क्या चाहते हैं। वे एक अज्ञानी गुरू के विषय में अपना विचार प्रकट करने में तनिक भी संकोच नहीं करते। यह दोहा इंगित करता है उस गुरू अथवा शिक्षक की ओर जो स्वयं अज्ञानी है और कुछ नहीं जानता। यह एक कटु सच है कि संसार में अनेकों गुरू हैं जो स्वयं कुछ ज्यादा नहीं जानते। वे उस उच्च अवस्था या मंच तक तो पहुंच गए हैं पर ज्ञान दे रहे हैं केवल अपने अहंकार की पूर्ति हेतु। ऐसे रूढ़िवादी व्यक्ति से आप ज्ञान या सलाह लेंगे तो आपकी हानि ही होगी। उदाहरण के लिए, अगर आप ऐसे व्यक्ति से सलाह लेंगे जो मानता है कि हिंसा ही हर समस्या का समाधान है, तो वह आपको हिंसा के लिए ही प्रेरित करेगा। उसके पास बस यही एक शस्त्र है। एब्राहम मास्लो ने कहा है, “अगर आपके पास एकमात्र औज़ार हथौड़ा हो तो हर समस्या आपको एक कील के समान प्रतीत होगी।”

इसलिए कबीर इस दोहे में सभी को सचेत कर रहे हैं। किसी गुरू का चयन करने से पूर्व यह

जांच लेना आवश्यक है कि वह रूढ़िवादी न हो। यह जांच लेना उचित है कि वह कोई ऐसा अज्ञानी नहीं है जो स्वयं को परम ज्ञानी माने बैठा है। ऐसा गुरू चुनें जो ज्ञानी हो तथा संतुलित विचारधारा का हो। ऐसा व्यक्ति कदापि न हो जो अपनी कुंठाओं या अपने अज्ञान को अपने शिष्यों पर आरोपित करने का प्रयत्न करे। ऐसा भी न हो कि उसकी भ्रांतियां या असंतुलित विचार शिष्यों में उतर जाएं और वे दुष्प्रेरित होकर अपनी रसोइ के चम्मचों भी पर धार लगाने लग जाएं। (छुरियों पर धार रखना ठीक है। चम्मचों पर धार रखना असंतुलन है।) कबीर कहते हैं कि गुरू का चयन सावधानी पूर्वक करना चाहिए। शिष्य तो अंधा है ही। अगर गुरू भी अंधा हो और शिष्य उसके पीछे हो ले तो भला एक अंधा क्या दूसरे अंधे का मार्गदर्शन करेगा? जैसा कबीर ने एक अन्य दोहे में कहा भी है - अंधा अंधा ठेलिया दोनों कूप पड़ंत।

२

जौन मिला सो गुरू मिला, चेला मिला न कोय।
चेला को चेला मिलै, तब कछु होय तो होय।।

कबीर कहते हैं कि यह संसार अहंकारी गुरुओं से भरा है। बहुत कम लोग हैं जो जानते हैं कि एक सच्चा गुरू पहले शिष्य होता है। वास्तविक ज्ञान का आदान–प्रदान तभी संभव है जब व्यक्ति इस तथ्य को जान ले।

इस दोहे में कबीर बताना चाहते हैं कि यह संसार ढ़ोंगी और अहंकारी गुरुओं से भरा पड़ा है। विरले ही इस बात का एहसास कर पाते हैं कि सच्चा गुरू होने के लिए पहले सच्चा शिष्य होना आवश्यक है। एक सच्चे गुरू में ज्ञान की पिपासा इतनी तीव्र होती है कि वह और ज्ञान प्राप्त करने के लिए सदा अपनी झोली फैलाए रखता है। ऐसे गुरू विरले ही होते हैं। अधिकतर गुरू रूढ़िवादी और असंतुलित विचारधारा के प्रवर्तक होते हैं।

भारत में गुरू-शिष्य परंपरा अति प्राचीन है और इसमें शिष्य से अपेक्षा की जाती है कि वह गुरू से एक विशेष तरीके से व्यवहार करे। प्राचीन मान्यता यह है कि शिष्य गुरू का आदर करे तथा सदा उसकी आज्ञा का पालन करे। इस परंपरा का उद्देश्य है शिष्य को इस प्रकार उन्मुख करना कि वह गुरू से सीख सके। पर हम निकले बड़े चतुर। इस परंपरा को देख कर हमने यही निष्कर्ष निकाला कि गुरू को तो इस संबंध से लाभ ही लाभ हैं। वह एक उच्च मंच पर स्थित है और उसकी तो मौज ही मौज है। तो शिष्य काहे को बना जाए? सीधे गुरू ही क्यों न हो जाएं? परिणाम यह हुआ कि आज भारत में हर एक व्यक्ति गुरू बनना चाहता है।

मेरे कार्यालय में एक चपरासी था, जो लगभग साठ वर्ष का रहा होगा। नाम था फूल

सिंह। साधारण सा चपरासी था। क्षमता भी उसकी साधारण ही थी और कार्यकुशलता भी कोई खास नहीं थी। पर हमने उसे काम पर लगाए रखा क्योंकि वह शीघ्र ही रिटायर होने वाला था। जब कभी कार्यालय में कोई धार्मिक समारोह होता, होली हो या दीवाली, तो बुजुर्ग होने के नाते उसी को आरती करने का सौभाग्य प्रदान किया जाता। आरती का थाल लेकर वह बीच में खड़ा होता, मैं उसकी दाईं ओर एवं हमारे क्रय-विभाग का प्रमुख उसकी बाईं ओर।

फिर एक दिन वह रिटायर भी हो गया और अपने गांव लौट गया। कुछ दिन हुए मैं अपने कार्यालय पहुंचा तो एक लंबी दाढ़ी वाले गेरुए वस्त्र पहने बुजुर्ग को द्वार पर खड़ा पाया। उसने मुझे नमस्कार किया तो मैंने भी उसको आदरपूर्वक नमस्कार किया। इस पर वह बोला, “साहिब, पहिचाना नहीं आपने शायद।”

मैंने ध्यान से उसके चेहेरे को देखा तो पाया कि यह तो कोई और नहीं हमारा फूल सिंह है। मुझसे नहीं रहा गया और पूछा, “यह क्या फूल सिंह? ये गेरुए वस्त्र और यह दाढ़ी? बात क्या है आखिर?”

“साहिब, हम गुरू हो गए हैं। अब लोग मुझे स्वामी फूलानंद के नाम से जानते है।”

इस पर मैंने कहा, “अच्छा, तो उत्तर प्रदेश के अपने गांव में तुम गुरू बन बैठे हो?”

“नहीं साहिब,” वह बोला। “मैं वहां गया अवश्य था और वहीं गुरू भी होकर रह जाना चाहता था पर वहां पहले ही इतने गुरू बने बैठे थे। उनमें से कोई नहीं चाहता था कि मैं उनके रंग में भंग डालूं। वे सब मिलकर मुझे वहां से खदेड़ने में जुट गए और बोले कि मैं वहां नहीं रह सकता। तो मैं घूमता-फिरता बस्तर (छत्तीसगढ़ में रायपुर के पास का एक क्षेत्र) जा पहुंचा। मैं वहां जा बसा। अब वहां सब लोग मुझे जानते हैं और आध्यात्मिक गुरू मानते हैं।”

“बहुत खूब!” मैं बोला।

“साहिब, वे सब आपको भी बखूबी पहचानते हैं,” उसने कहा।

मैं प्रसन्नता से फूला नहीं समा रहा था कि मेरा ज्ञान बस्तर जैसे छोटी सी जगह भी जा पहुंचा है। मुझे लगा कि अमरीका में बॉस्टन हो या भारत का बस्तर मेरे शब्द हर दिशा में फैल रहे हैं। सुन कर बहुत अच्छा लगा।

मैंने पूछा, “कैसे जानते हैं वे मेरे बारे में?”

उसने अपने कंधे पर टंगे झोले से एक फाइल निकाली। उस फाइल की एक तरफ अखबार की कई कतरनें चिपकी थीं जिन पर अंकित था 'पवन चौधरी आपके शहर में'। कुछ छः माह पुरानी खबर रही होगी। दैनिक भास्कर के आमंत्रण पर मैं छत्तीसगढ़ गया था और उस समाचार पत्र ने मेरे आगमन का प्रचार-प्रसार किया था। इन कतरनों को देख मुझे लगा कि फूल सिंह किसी प्रचारक से कम नहीं जो हर किसी तक मेरा परिचय पहुंचा रहा था। तभी मैंने फाइल की दूसरी ओर देखा तो एक फोटो को चिपका पाया। दीवाली की फोटो थी, जिसमें वह देवी लक्ष्मी के सामने खड़ा आरती कर रहा था, मैं उसकी दाईं ओर था और क्रय-विभाग का प्रमुख उसकी बाईं ओर। फोटो के नीचे बड़े शब्दों में लिखा था - "स्वामी फूलानंद अपने कुछ शिष्यों के साथ।"

मैं दंग था। साथ ही मुझे एहसास हो रहा था कि अपने आप को समाज में उठाने के लिए उसने किस चतुराई से काम लिया था। मुझे याद आया कि जब वह कार्यालय में कार्यरत था तो भी सियार समान चतुर था।

उससे मैंने पुछा, "तुमसे लोग क्या पूछते हैं?"

"सभी तरह के प्रश्न किए जाते हैं और मैं उनका बखूबी जवाब भी दे देता हूं।"

"उदाहरण के लिए?"

"कुछ लोग अकसर प्रश्न करते हैं कि भगवान कहां रहते हैं तो मैं कह देता हूं कि क्षिर सागर में। मैं उनको बताता हूं कि उनकी नाभि से एक कमल खिलता है और वे स्वयं फुलों की शैया पर लेटे रहते हैं।"

इतना भरोसा था उसे कि भगवान कहां रहते हैं।

फूल सिंह को यह सब किसने सिखलाया?

किसी अन्य गुरू ने जिसे ईश्वर और ईश्वरत्व की कोई समझ तक नहीं है। अनेकों लोग ऐसी बातों का प्रचार-प्रसार कर रहे हैं जिनका उन्हें वास्तव में कोई ज्ञान नहीं है और जिनका उन्होंने कभी अनुभव भी नहीं किया है।

जो भी जानने को उत्सुक होता है वे उसे यह ज्ञान दे देते हैं। और इसी बात का विद्रोह कबीर कर रहे हैं। कबीर कहते हैं कि पहले व्यक्ति को शिष्य बनना चाहिए और फिर गुरू। और गुरू

होने के बाद भी उसे शिष्य बने रहना चाहिए। सीखते रहना चाहिए। जब तक आपकी झोली फैली रहेगी आप सीखते रहोगे, आप सदा युवा बने रहोगे और एक दिन आप वास्तविक गुरू बन पाओगे। गुरू का अर्थ होता है वह जो अंधकार मिटाता है, जो आपके पथ को प्रकाशित करता है। आप तभी गुरू बन पाओगे जब आप पहले एक सच्चे शिष्य बनोगे।

३

गुरू बेचारा क्या करे, शब्द न लागा अंग।
कहैं कबीर मैली गजी, कैसे लागे रंग।।

कबीर कहते हैं कि अगर शिष्य योग्य नहीं है तो गुरू उसकी अज्ञानता को मिटाने के लिए कुछ खास नहीं कर सकता क्योंकि ऐसा करना वैसा ही होगा जैसे एक मैली चादर को रंगने का प्रयास करना जिस पर कभी रंग नहीं चढ़ सकता।

कबीर कहना चाहते हैं कि चन्दन के वृक्षों से आने वाली सुगंधित वायु दुर्गंध युक्त बांस के जंगल को सुगंधमय नहीं कर देती। अगर उल्लू दिन में न देख पाए तो क्या इसमें सूर्य का दोष है?

अज्ञान का अर्थ एक खाली स्लेट नहीं होता। अज्ञान वह स्लेट है जिस पर बहुत कुछ अंकित होता है। बल्कि वह ऐसी स्लेट होती है जिस पर इतना सब कुछ पहले से लिखा होता है कि उस पर कुछ और लिखने का स्थान ही नहीं बचा होता। यही नहीं उस पर अमिट लिखाई की गई होती है। इसीलिए अधजल गगरी सरीके एक विद्वान की अपेक्षा एक अबोध मन को कुछ भी सिखाना या समझाना सरल है। यही कबीर कहने का प्रयास कर रहे हैं कि एक सीखे-सिखाए अध-पके विद्वान को कुछ समझाने का प्रयास ऐसा ही है जैसे कि एक मैली चादर को रंगने की कोशिश जिस पर कभी रंग नहीं चढ़ सकता। एक अध-पका विद्वान कुछ भी नया सीखने के क्यों खिलाफ होता है? क्योंकि सुनते समय वह जाने-अनजाने बताई जाने वाली बातों का विश्लेषण करने में लगा होता है। अपनी जंग लगी बुद्धि से वह सुनी जाने वाली बातों का माप-तोल करता है तथा शब्दों के ऐसे अर्थ लगा बैठता है जो कि वास्तविक नहीं होते। उसकी अध-पकी अवस्था गुरू के सब प्रयासों को विफल कर देती है।

इस दोहे में कबीर इसी समस्या की ओर संकेत कर रहे हैं। जिस प्रकार चन्दन के पेड़ों से बहने वाली गंध बांस के वनों को सुगंधित नहीं कर पाती और वे पहले की ही भांति दुर्गंध युक्त बने रहते हैं, उसी प्रकार अज्ञान के बोझ से दबे शिष्य को कुछ सिखा पाना भी बड़ा कठिन है। इस अवस्था में गुरू कुछ भी नहीं कर पाता। अपने अध-कचरे ज्ञान के कारण शिष्य कुछ सीखने के लिए तैयार ही नहीं हो पाता।

४

जब मैं था तब गुरू नहीं, अब गुरू है मैं नाहिं।
प्रेम गलि अति सांकरी, तामें दो न समाहिं।।

कबीर कहते हैं कि अहं की अवस्था में शिष्य गुरू से संपर्क स्थापित नहीं कर सकता। और जब गुरू से यह संबंध स्थापित हो जाता है और वह सच्चा ज्ञान प्राप्त कर लेता है तो अहं मिट जाता है। गुरू और शिष्य के बीच के प्रेम की गली इतनी संकरी होती है कि इसमें अहं के लिए कोई स्थान नहीं बचता।

अहं के अपने लाभ हैं और कबीर उनसे भली भांति परिचित हैं। अहं प्रतिरक्षा या बचाव का एक उपाय है। इससे अपने हित की रक्षा की जा सकती है। परंतु अहं का प्रयोग करना चाहिए एक बरसाती की तरह। जब बारिश होती है तभी बरसाती का प्रयोग किया जाता है। उसे हर रोज या हर समय नहीं पहना जाता। अगर आप उसे हर रोज या हर समय पहने रहेंगे तो आप हर वक्त असहज रहेंगे। और आप अपने आसपास सभी को असहज कर देंगे।

इस दोहे में कबीर कहते हैं कि अहं का गुरू के आगे कोई काम नहीं। पर शिष्य में अहं का जन्म होता क्यों है?

अहं के प्रादुर्भाव का पहला कारण होता है गुरू द्वारा शिष्य का शोषण। अहं को पूर्णतः मिटाने तथा आज्ञा का आंख बंद करके पालन करने की अपेक्षा करके कई गुरुओं ने शिष्यों का शोषण किया है। इतिहास ऐसे गुरुओं से भरा पड़ा है। ऐसी अवस्था में अपने हित की रक्षा के लिए शिष्य में अहं का जन्म हो जाता है। अहं के जन्म का एक अन्य तथा महत्वपूर्ण कारण है पश्चिम में उभर कर पूर्व में फैलने वाली समानतावादी विचारधारा।

क्योंकि आज संसार सिमट कर एक छोटे से गांव सरीका हो गया है, इसलिए पश्चिम में जो भी विचाधारा उत्पन्न होती है वह लगभग उसी क्षण पूर्व में भी आ पहुंचती है। और कोई भी संस्कृति हो, ग्रहणशील तो होती ही है।

जब सिकंदर भारत आया, तो उसने पाया कि भारत में राजा को भगवान समान आदर दिया जाता है। तो उसने स्वयं को राजा (यानी भगवान) घोषित कर दिया। पश्चिम में जब अरस्तू के भतीजे ने इस बात का विरोध किया और कहा कि वह सिकंदर को ईश्वर-तुल्य नहीं मानता, तो सिकंदर ने उसे मौत के घाट उतरवा दिया। तब सिकंदर का गुरू अरस्तू उसके पास गया और उसने सिकंदर से कहा कि उसने उसके भतीजे को मरवाकर बहुत बड़ी गलती की है। इस पर सिकंदर बोला, "दार्शनिक भी मेरे क्रोध से बच नहीं सकते।" वह अरस्तू को जताना चाहता था

कि अगर उसने सिकंदर को ईश्वर-तुल्य न माना तो वह उसे भी मौत के घाट उतारने से नहीं हिचकिचाएगा। ऐसा प्रभाव था पूर्वी ज्ञान का पश्चिम पर। वह ऐसा समय था जबकि पूर्व पश्चिम से सांस्कृतिक तथा सामाजिक दोनों रूपों से काफी आगे था। और आज पूर्व पर पश्चिम की छाप पड़ गई है। पश्चिम के लोगों, या यों कहें पश्चिम के अज्ञानियों का कहना है कि सब बिलकुल समान हैं। वे समानता की बातें करते हैं और ये विचार शिष्यों पर भी छाप छोड़ रहे हैं। यही कारण है कि शिष्यों में भी अहं का जन्म हुआ है।

शिष्य में इस अहंकार के जन्म से गुरू और शिष्य के बीच की पावन दूरी या यों कहें मर्यादा का उल्लंघन हो जाता है। कबीर इस पावन दूरी के विषय में जानते हैं। वे ये भी जानते हैं कि शिक्षा देने और लेने के लिए इस मर्यादा का होना आवश्यक है। यह न हो तो शिक्षा नहीं हो पाएगी। कबीर के इस मत का समर्थन फ्रायड ने भी किया है। फ्रायड भी गुरू और शिष्य के बीच की मर्यादा की बात करते हैं जिसके बिना कुछ भी सीखना या सिखा पाना असंभव है। मैं यह नहीं कहता कि फ्रायड भारत आए थे या उन्होंने यह बात कबीर से सीखी थी (हालांकि हम भारतियों की यह आदत है कि जब भी हम किसी पश्चिम के व्यक्ति को कुछ ऐसी बात कहते सुनते हैं जो हमारे किसी महापुरुष की कथनी से मिलती है तो हम झटपट भारतीय गुरू-पश्चिमी शिष्य संबंध जताने में लग जाते हैं)। जो किताबें मैंने पढ़ी हैं उनमें कहीं नहीं लिखा कि फ्रायड भारत आए थे। पर फ्रायड कबीर ही की भांति चेतना के उच्चतम स्तर पर अवश्य थे। और यह कई बार होता है कि एक दूसरे से कई हजार मील तथा कई सौ वर्ष की दूरी पर स्थित दो महान व्यक्ति एक ही विचार प्रकट कर बैठते हैं। फ्रायड ही नहीं बुद्ध भी मानते थे कि गुरू-शिष्य के बीच पावन मर्यादा का होना आवश्यक है। तभी शिक्षक अपना ज्ञान शिष्यों के साथ बांट सकता है।

बुद्धत्व प्राप्त करने के बाद की बुद्ध के जीवन की एक घटना है। बुद्धत्व प्राप्त करने से पूर्व उनके पांच शिष्य थे जिनको बुद्ध सदा शिक्षा देते थे कि वे त्याग करें और तप करें। वे दिन में केवल एक चावल के दाने को ग्रहण करने की सलाह देते थे। जब वे बुद्धत्व को प्राप्त हुए तो एक अछूत औरत के घर गए और उससे नारियल-चावल लेकर जी भर कर खाया। जब उनके पांच शिष्यों ने यह देखा कि वे भरपेट खा रहे हैं और वह भी एक महिला से लेकर जो कि अछूत है तो उन पांचों को लगा कि उनके गुरू पथभ्रष्ट हो गए हैं। उन्हें नहीं पता था कि बुद्धत्व प्राप्त होने पर उनको एहसास हो गया था कि इन सब बातों का कोई औचित्य नहीं। आप क्या खाते हो, किसके हाथ का बना या किस से लेकर कर खाते हो इन सब बातों का कोई महत्व नहीं और न ही उसका बुद्धत्व प्राप्ति से कुछ लेना-देना। गुरू बुद्ध ने जान लिया था कि तप बोध प्राप्ति का द्वार नहीं है।

पर वे पांच शिष्य उन्हीं मापदण्डों के आधार पर उन्हें जांच रहे थे जिन्हें बुद्ध ने पहले उनके और अपने लिए निर्धारित किया था। इस बात को लेकर वे पांचों बुद्ध को छोड़ कर चल दिए। जब बुद्ध को इस बात का एहसास हुआ तो वे उन्हें खोजने निकल पड़े और आखिर में उन्होंने सबको नदी किनारे पाया। उन्हें आता देख उन पांचों ने आपस में निर्णय लिया कि वे अब उनका आदर नहीं करेंगे तथा वे उनको गौतम नाम से संबोधित करेंगे, न कि गुरूदेव कहकर। बुद्ध उनके पास पहुंचे तो वे अनादर से पेश आए और उनको गौतम नाम से संबोधित किया। इस पर बुद्ध ने उनसे कहा, "मैंने सत्य जान लिया है और मैं इसको तुम सब के साथ बांटना चाहता हूं। अगर तुम मेरा अनादर करोगे और मुझे गौतम नाम से संबोधित करोगे तो मुझे अटपटा लगेगा जिसके कारण मैं प्राकृतिक रूप से तुम्हें ज्ञान नहीं दे पाऊंगा और तुम यह मौका गंवा दोगे। इसलिए मुझसे वैसे ही पेश आओ जैसे पहले आते थे और ध्यान से मेरी बात सुनो।"

यह कहकर बुद्ध उसी पावन मर्यादा को पुनःस्थापित करने का प्रयास करते हैं जो कि गुरू और शिष्य के बीच ज्ञान के आदान-प्रदान के लिए आवश्यक होती है।

इस मर्यादा या पावन दूरी के महत्व का एहसास बुद्ध ने किया, कबीर ने किया, फ्रायड ने किया और अभी हाल में सारकोज़ी ने भी किया। फ्रांस के राष्ट्रपति निकोलस सारकोज़ी ने भी इसी मर्यादा की ओर संकेत किया जब अपने चुनावी घोषणापत्र में उन्होंने कहा कि वे छात्रों के लिए नियम बनाएंगे कि वे अपने शिक्षकों का तु के बजाए वु कह कर संबोधित करें (फ्रैंच भाषा में तु का अर्थ होता है तू या तुम, और वु का अर्थ होता है आप)। उनका तात्पर्य था कि छात्र शिक्षकों को आदर से संबोधित करें। इसका अर्थ यह हुआ कि वे इस बात का एहसास करते हैं कि अति समानतावादी विचारों के कारण अव्यवस्था की स्थिति उत्पन्न हो रही है। लोग शिक्षित होने के स्थान पर असभ्य हो रहे हैं। वे अपने अधिकारों के प्रति तो अधिक जागरुक हो रहे हैं, पर वे सत्य के प्रति अनभिज्ञ हैं क्योंकि वे मर्यादा को भंग करके शिक्षक को कुछ सिखाने को अवसर नहीं देते। प्रसिद्ध शिक्षार्थी एल पॉटर भी इसी बात की पुष्टि करते हैं। उनके शोध के अनुसार अच्छे शिष्य सदा अनुशासन प्रिय होते हैं क्योंकि अनुशासन से ऐसा वातावरण तैयार होता है जिसमें वे सीख पाते हैं। यहां तक कि नालायक और उपद्रवी शिष्य भी अनुशासन के महत्व को समझते हैं। यह शोध 90 के दशक की स्वच्छंदता की विचारधारा पर प्रहार करती है जिसमें माना जाता था कि बच्चों को पूर्ण एवं अनियंत्रित स्वतंत्रता प्रदान की जानी चाहिए। यही भाव एक गीत की प्रस्तुत पंक्तियों में आया है –

We don't need no education, we don't need no thought control,
no dark sarcasm in the classroom, teacher leave the kids alone.
न चाहें हम कोई शिक्षा, न चाहें विचारों पर प्रतिबंध, न कक्षा में कोई आलोचना,
शिक्षक छोड़ें हमें पूर्ण स्वतंत्र।

अगर गुरू वास्तव में अच्छा है तो शिष्य अवश्य एहसास करेगा कि वह बहुत कुछ सीख सकता है। अगर शिष्य योग्य तथा सम्मान करने वाला है तो गुरू को भरोसा रहता है कि भविष्य में उनके संबंध मधुर बने रहेंगे। फिर जो कुछ भी गुरू जानता है वह सब प्रदान करने में उसको कोई हिचकिचाहट नहीं होती। इससे दोनों ओर से अहंकार समाप्त होता है और गुरू-शिष्य मिलकर एक होने लगते हैं। वे एक परिवार या घनिष्ठ मित्रों जैसे होने लगते हैं तथा एक दूसरे के हित की रक्षा के लिए तत्पर रहते हैं एवं सदा एक दूसरे का भला चाहते हैं। वे एक हो जाते हैं। यही कबीर के शब्दों का अर्थ है जब वे कहते हैं प्रेम गलि अति सांकरी, तामें दो न समाहिं, अर्थात उनके व्यक्तित्व एक होने लगते हैं और वे भूलने लगते हैं कि वे दो अलग मानव हैं। वे एक इकाई के समान सोचने, समझने और कार्य करने लगते हैं।

५

भय बिन भाव न उपजै, भय बिन होय न प्रीति।
जब हिरदे से भय गया, मिटी सकल रीति।।

कबीर कहते हैं कि भय के बिना हर्ष और शोक का अनुभव कठिन है। गुरू के प्रेम को महसूस करने के लिए भी भय की आवश्यकता है। भय न हो तो व्यक्ति का अपने गुरू के लिए आदर ही नहीं रहता और वह मर्यादा एवं नैतिकता को त्याग देता है जिससे उसकी अपनी पहचान खो जाती है।

हर मां को यदा-कदा अपने बच्चे को डराना पड़ता है।
क्यों? क्या वह अपने बच्चे से प्रेम नहीं करती?
ऐसा नहीं है। अगर कोई प्रेम का उच्चतम प्रकटीकरण है तो वह है मां और बच्चे के बीच का प्रेम। वह बच्चे से उतना ही प्रेम करती है जितना स्वयं अपने आप से और कभी-कभी तो स्वयं से भी अधिक। क्या कभी आपने सोचा कि मां को खुश करना कितना आसान होता है? बस इतना भर कहना होता है, "मां, भूख लगी है।" और वह सब काम छोड़ प्रेम से खाना बनाने में लग जाती है। वह प्रेम से भर उठती है क्योंकि वह अपने बच्चे के लिए खाना बना रही होती है। ऐसा होता है उसका प्रेम अपने बच्चे के लिए। फिर वह क्यों अपने बच्चे को कभी-कभार डराती है?

इसके दो कारण हैं। कभी-कभी जल्दी होती है जिसके कारण यह आवश्यक हो जाता है। मान लो उसे गाड़ी पकड़नी है और बच्चा उसे जाने नहीं दे रहा। तो मां कहती है, "जाने दे मुझे नहीं तो तुझे पुलिस पकड़ लेगी।" या फिर हो सकता है कि अज्ञान या नासमझी के कारण बच्चा कुछ गलत या खतरनाक काम करने वाला है तो मां उसे भय दिखाती है। हो सकता है जब मां ऐसा करे तो बच्चा उलटी प्रतिक्रिया कर बैठे जैसे कि रोना या बिलखना। पर बच्चे के मन में कहीं न

कहीं यह बात भी होती ही है कि उसकी मां उसके भले के लिए ऐसा कर रही है। समय के साथ मां और बच्चे के बीच का प्रेम बढ़ने लगता है और बच्चा इस समझ के साथ बड़ा होने लगता है कि अनुशासन आवश्यक है।

भय से कबीर का तात्पर्य है अनुशासन। उनके लिए अनुशासन प्रेम का ही एक रूप है। एक कठोर रूप। परंतु आवश्यक यह भी है कि भय शुभ हो। अर्थात जिस पर अनुशासन कसा जा रहा है वह यह समझे कि यह अनुशासन उसके भले और उसके भविष्य के हित के लिए है। यह उसको तंग करने या दण्ड देने के लिए नहीं किया जा रहा। यह उसके हित में है। इसी प्रकार के भय की बात कबीर इस दोहे में करते हैं। वे महसूस करते हैं कि इस प्रकार के भय के बिना अकसर प्रेम नहीं उपज पाता और पैदा होता भी है तो प्रेम फलता-फूलता नहीं अगर ऐसा भय पूर्णतः गायब हो।

प्रेम की पृष्ठभूमि भय ही होता है। प्रेम को स्पष्ट होने के लिए एक पृष्ठभूमि की आवश्यकता होती है। अगर आप अपने आप को प्रेमी इन्सान मानना चाहते हो तो आपको यह सोच भी त्यागनी होगी कि मैं कभी नहीं लडूंगा। इतिहास गवाह है कि ऐसे निर्णय मनुष्य को लेने पड़े हैं। निजि संबंधों में भी ऐसा होता है। कभी-कभी यह सिद्ध करने के लिए कि आप क्या हो, जीवन या प्रकृति आपको वह करने या होने के लिए मजबूर कर सकती है जो आप नहीं हो। क्या आपने कभी सोचा कि क्राइस्ट, जो कि एक प्रेमपूर्ण व्यक्ति थे, पैसा ब्याज पर देने वालों के पीछे चाबुक लेकर क्यों दौड़े? शायद उनको एहसास था कि वहां प्रेम काम नहीं करेगा। या फिर उनको शायद लगा हो कि प्रेम से काम लेने का समय चला गया और अब समय है अनुशासन और भय का। इस तरह का अनुशासन प्रेम को बढ़ाता है। वह एक उचित पृष्ठभूमि प्रदान करता है जिसमें प्रेम निखर कर बाहर आता है और उसका मोल समझा जाता है। यह एक तरीका है जिससे भय या अनुशासन के द्वारा प्रेम और अधिक उत्कर्ष, अधिक विशिष्ट और अधिक सम्मानीय हो जाता है। परंतु एक अच्छा गुरू जानता है कब प्रेम का प्रयोग करे और कब भय का।

मान लो एक चपरासी मेरे कक्ष में आया और मुझसे बोला कि उसे अपने बेटे के लिए पुस्तकें खरीदने के लिए पैसे चाहिएं और पूछा कि क्या मैं उसे पैसे उधार दे पाऊंगा। तो मैंने अपनी मर्जी से जितने भी पैसे मेरे पास थे दे दिए यह जानते हुए कि शायद मैं उससे कभी वापस मांग ही नहीं पाऊं। अगले दिन एक और चपरासी आया और ऐसी ही विनती करने लगा। उससे मैंने कहा कि वह चला जाए और उसको कोई मदद प्रदान नहीं की जाएगी। वह आंखों में आंसू लिए, दुखी मन से हताश होकर चला गया। पर मेरा मन शांत था क्योंकि मैं जानता था कि वह पीयक्कड़ है। वह पैसे के मामले में लापरवाह है और दफतर या अपने परिवार के प्रति अपने

कर्तव्य के प्रति सचेत नहीं है। इसलिए मैं उसे खाली हाथ भेज देता हूं और मेरा अंतर्मन कोई विरोध भी नहीं करता। मगर यदि मैंने पहले चपरासी को, जो कि एक जिम्मेदार और समर्पित कर्मचारी है, इस प्रकार भेज दिया होता तो मेरा अंतर्मन अवश्य मुझे धिक्कारता। जरूर वह पूछता कि तुमने यह क्या किया? इस आदमी के साथ ऐसा बर्ताव नहीं करना था। इसलिए आवश्यक है कि अपने अंतर्मन को बोलने दिया जाए तथा उसकी आवाज को सुना जाए। अगर आप ऐसा करते हैं तो परिस्थिति के अनुसार आपको पता रहेगा कि कब प्रेम की आवश्यकता है और कब भय या अनुशासन की।

यह एक अन्य दोहा है जिसमें कबीर की स्पष्टवादिता का परिचय मिलता है। बहुत कम लोग हैं जो कि इतनी स्पष्टता से कोई भाव प्रकट कर पाते हैं।

६

झूठा सब संसार में, कोउ न अपना मीत।
राम नाम को जानि ले, चलै सो भौजल जीत।।

कबीर कहते हैं कि धूर्तता, छल और आकर्षणों से भरी यह दुनिया झूठी है। यहां ऐसा कोई नहीं जिसे सच्चा मित्र कहा जा सके। हर एक स्वार्थी है। इसलिए बुद्धिमत्ता इसी में है कि स्वयं को रचयिता (ईश्वर) को जानने के श्रम में लगाया जाए क्योंकि वही आपको इस भवसागर के बंधनों से मुक्त करा सकता है।

कबीर इस दुनिया को यथारूप देखते हैं। वे बड़ी गहरी नजर से संसार का अवलोकन करते हैं। वे कहते हैं कि यह धूर्तता, छल और झूठ से भरी दुनिया है। वे लोगों की सतही अच्छाई और ऊंचे बोलों के पीछे झांक कर उनके स्वार्थ को उघाड़ देते हैं। वे कहते हैं कि यहां पर कोई भी सच्चा मित्र नहीं और हर एक स्वार्थी है तथा सारे संबंध स्वार्थपरक हैं। एक पत्नी को भी अपनी उपयोगिता बनाए रखने के लिए सुंदर दिखना पड़ता है या कमाना पड़ता है या सेवा करनी पड़ती है। जब तक यह उपयोगिता बनी रहती है, व्यक्ति की जरूरत रहती है और उसका आदर होता है। एक बार उपयोगिता समाप्त हो जाए तो बहुत कम संसार में ऐसे हैं जो आपके प्रति अपने कर्तव्य का निर्वाह करते हैं। परिवार के कुछ सदस्य आपके प्रति अपने कर्तव्य का पालन जरुर करते हैं पर वे भी बंधा-सा अनुभव करते हैं और अगर आपकी उपयोगिता नहीं है तो समय-समय पर उनको लगता है कि आप अपना भार खुद नहीं उठा रहे।

इस दोहे में कबीर इसी ओर इशारा कर रहे हैं। वे कहते हैं कि आपके लिए अच्छा यह होगा कि आप ईश्वर को याद करें या फिर उस परम तत्व से जुड़ने का प्रयास करें। तभी आप इस संसार

के बंधनों से मुक्त हो सकते हैं जिनमें से अधिकतर झूठे हैं। जब आप परम तत्व की खोज में निकलते हैं तो वह खोज आपको व्यस्त रखती है और फिर ये झूठे संबंध आपका समय और आपकी शक्ति बरबाद नहीं करते। वह खोज ही आपके जीने का और आपके अस्तित्व का कारण बन जाती है।

७

भय से भक्ति करै सब, भय से पूजा होय।
भय पारस है जीव को, निर्भय होय न कोय।।

कबीर कहते हैं कि भय (अज्ञात का) ही लोगों को पूजा करने और भक्ति करने के लिए प्रेरित करता है। भय लोगों के लिए पारस पत्थर के समान है जो कि उनको सही मार्ग पर अग्रसर करता है।

कबीर तथ्य के मूल तक जा पहुंचते हैं। वे कहते हैं कि भय ही लोगों को पूजा और भवित करने के लिए बाध्य करता है। पूजा या धर्म की उत्पत्ति कैसे हुई? पाषाण युग के मानव की कल्पना करें। वह क्यों हाथ जोड़ कर प्रार्थना करने लगा?

हो सकता है जब बिजली चमकती हो, या बाढ़ आती हो, या कोई अन्य प्राकृतिक विपदा या मृत्यु आती हो जिसको वह समझ नहीं पाता हो तो वह ऐसा करता हो। जब बिजली चमकी और बादल गरजे तो डर के मारे वह झुक गया और प्रार्थना करने लगा। और ईश्वर (जैसी भी हमारी अभी परिकल्पना है) का मानव मन में जन्म हुआ।

फिर समाज का विकास हुआ तो कुछ लोगों ने छोटे-छोटे जमीन के टुकडों के चारों तरफ बाड़ा लगा कर उन्हें अपना कहने लगे। उन्होंने दीवारें खींच दीं और अन्य लोगों को ये सीमाएं मानने के लिए बाध्य किया। सभी शक्ति संपन्न व्यक्तियों ने ऐसा ही किया और निजि संपत्ति का जन्म हुआ। इससे जन्म हुआ एक अन्य भाव का और वह था लालच। अगर आपके पास संपत्ति नहीं होती तो आपको असफल माना जाता। असफलता के भय ने ही मनुष्य में लालच के भाव को पैदा किया। मनुष्य सोचने लगा कि अगर उसके पास संपत्ति नहीं होगी तो उसे असफल माना जाएगा, वह जीवन में कुछ अधिक नहीं कर पाएगा तथा उसके प्रियजन भी उसका त्याग कर देंगे। इसलिए मनुष्य ईश्वर के आगे झुकने लग गया, न केवल अपनी रक्षा के लिए बल्कि अपनी भौतिक प्रगति के लिए भी।

इसलिए इस भक्ति और पूजा का जन्म मूलतः हुआ भय के कारण। भय था इनका मुख्य स्रोत। कबीर आदमी की आलोचना नहीं कर रहे हैं कि उसने भय के कारण पूजा आरंभ की। कबीर

मानते हैं कि यह महत्वपूर्ण नहीं है कि आप क्यों ईश्वर की तरफ खिंचे। अगर इसका कारण भय है तो यही सही। महत्व इस बात का है कि आप ईश्वर के करीब तो आए। कारण इतना महत्व नहीं रखता, परिणाम महत्वपूर्ण है।

भय पारस पत्थर की भांति काम करता है और लोगों को सही मार्ग पर बढ़ने के लिए प्रेरित करता है। अधिकतर लोग भय के कारण ही धर्म को अपनाते हैं। वे भय के कारण ही अपने आप को नैतिकता के अनुशासन में बांधते हैं। इसलिए भय अध्यात्म की ओर जाने वाला पहला कदम है। जब आप पूजा करने लगते हैं तो आपके विचार, आपके शब्द, आपके कर्म और आपके संबंध बदलने लगते हैं। धीरे-धीरे आपके और ईश्वर के बीच एक नया योग बनने लगता है। पहले आप सिर्फ भय के कारण उसके आगे झुक रहे थे और धीरे-धीरे जब आप में परिवर्तन आता है तो उस परमात्मा के साथ एक नया संबंध बनने लगता है। इसका अर्थ है कि प्रार्थना या पूजा अच्छाई की भावना (जिसे ईश्वर कह सकते हैं) से सामंजस्य स्थापित करने में सहायता करती है। पहले यह आपका सामंजस्य स्थापित करती है और फिर आपमें शुभ परिवर्तन करती है, और जब यह परिवर्तन होता है तो धीरे-धीरे भय जाने लगता है। आपकी यह सोच भी जाती रहती है कि ईश्वर कोई ऐसा सनकी है जो बस आपके पाप और पुण्यों का हिसाब रखने के लिए बैठा है या फिर वह कोई है जो बस समय-समय पर आपको आपकी गलतियों की सज़ा देता है।

कबीर कहते हैं कि धर्म की ओर पहला कदम बढ़ता है भय के कारण। इसलिए भय न केवल ईश्वर के साथ आपके संबंध को स्थापित करता है बल्कि भय आपको उस अवस्था तक भी ले जाता है जहां इस संबंध में शुभ परिवर्तन भी आने की संभावना होती है। इस दोहे में कबीर भय की उपयोगिता को उजागर करते हैं कि कैसे भय मनुष्य को परिवर्तित करता है और कैसे भय ऐसी नींव सिद्ध होता है जिस पर अध्यात्म का मंदिर खड़ा होता है।

८

पाप पुण्य की संका नहीं, स्वर्ग नरक नहिं जाहिं।
कहत कबीर सुनहु रे संतो, जहां का तहां समाहिं।

कबीर कहते हैं उन्हें पाप और पुण्य से कुछ सरोकार नहीं, और न ही स्वर्ग और नरक से। वे मानते हैं कि मन की स्थिरता जहां आप हो वहीं की वहीं प्राप्त की जा सकती है तथा आत्म–ज्ञान ही है जो कि आपको आगे तक ले जा सकता है।

कबीर पाप-पुण्य से ऊपर उठ चुके हैं। वे जानते हैं कि धर्म में जो पाप-पुण्य की अवधारणा है

वह नकली है, और ऐसी ही अवधारणा है स्वर्ग और नरक की। वे इन अवधारणाओं से ऊपर उठ चुके हैं। वे मानते हैं कि मन की स्थिरता प्राप्त करने के लिए कहीं भी जाने की आवश्यकता नहीं। शांति मंदिर में नहीं प्राप्त होती। बल्कि शांति से अधिक वहां पर राजनीति देखने को मिलती है। कबीर इस सत्य को जानते हैं। वे यह भी जानते हैं कि आपके पुण्यवान कर्म नहीं, आत्म-ज्ञान आपको आगे बढ़ाएगा।

रोमन भाषा में परिपूर्णता के लिए जो शब्द प्रयोग होता है उसका अर्थ होता है सम्पूर्ण। और व्यक्ति सम्पूर्ण तभी हो सकता है जब उसमें पाप का भी सम्पुट हो। यह जान लेना कि आपमें पाप का भी अंश है और यह जान लेना कि उसको कैसे काबू में करना है यही परिपूर्णता है और यही आपको मुक्त कर सकती है। यह परिपूर्णता आपको अपनी मानवता को स्वीकार करने में सहायक होगी क्योंकि आप देख पाएंगे कि आप वास्तव में हैं क्या और यही आपको आत्म-ज्ञान प्राप्त करने में सहायता करेगी। यह आत्म-ज्ञान आपको फिर आगे बढ़ाएगा। यह समझना आवश्यक है कि स्वर्ग और नरक की अवधारणा आपके विकास को कुंठित ही करती है।

६

भगति दुहेली राम की, जैसी खांडे की धार।
जो डोले सो कटि परे, नहि तो उतरे पार।

कबीर कहते हैं कि भक्ति का मार्ग एक तेज़ तलवार पर चलने के समान है। अगर आप ज़रा भी डोल गए तो बुरी तरह कट जाओगे। पर अगर आप सतर्क होकर दृढ़ता से चलते रहे तो आप आत्म आनंद की अवस्था या मोक्ष को प्राप्त कर लेंगे।

यहां कबीर भक्ति के मार्ग की बात कर रहे हैं। वे कहते हैं कि भक्ति का मार्ग तलवार की धार पर चलने से कम नहीं है। थोड़ी भी चूक हो जाए तो आप बुरी तरह कट सकते हैं। उनका मतलब है कि जब आप भक्ति के मार्ग पर हो तो आपको बड़ा ही संतुलित रहना है क्योंकि यह मार्ग आपको दिव्य शक्तियों से जोड़ सकता है, आपको दिव्य शक्तियों के इस ज्ञान को अपनी समझ में जोड़ना पड़ेगा। यह ऐसा ही होगा जैसे क्षितिज की ओर एक सागर में तैरना जिसमें एक अलौकिक प्रकाश दिखाई पड़ता है जो कि बड़ा आकर्षक है। मान लो कि यह दिव्य प्रकाश है। आप इस सुंदर आकर्षक प्रकाश से इतने आकृष्ट हो जाते हैं कि आप अपने हाथ-पैर चलाना ही बंद कर देते हैं तो फिर आप डूबने लगेंगे। इसलिए दिव्य शक्तियों से इतने आकर्षित न हों कि आप डूबने लगें अर्थात अपने कर्मों में गिरने लगें। कबीर उन कुछ लोगों में से हैं जो भक्ति मार्ग के इस पहलू को समझते हैं। इसलिए वे आपको सचेत करते हैं कि बहुत ही संतुलित बने रहें। दिव्य प्रकाश दिख रहा है इस कारण आप अपने कर्म को न छोड़ दें। संतुलन बनाए रखें।

कबीर यह भी जानते हैं कि भक्ति का मार्ग आपको कर्मकाण्ड में उतरने के लिए प्रेरित कर सकता है और अंधविश्वासी बना सकता है। आप एक ऐसे अस्तित्व का अनुभव करने लग सकते हैं जो कि केवल आपके भावावेश की उपज है। यह एक अन्य कारण है कि वे कहते हैं कि जब आप भक्ति के मार्ग पर हैं तो बड़ा सावधान रहने की आवश्यकता है। संतुलित रहें। यह संतुलन आपको आनंद तक ले जाएगा। यह संतुलन आपको मोक्ष तक ले जाएगा, ईश्वरीय सुख तक ले जाएगा और सत-चित-आनंद तक ले जाएगा।

१०

तेरे अंदर सांच जो, बाहर नाहिं जनाव।
जानन हारा जानि है, अन्तर गति का भाव।।

कबीर ह्रदय में स्थित सत के विषय में शेखी बघारने की निंदा करते हैं। सत का अनुभव केवल आपका अपना है। जो ज्ञानी हैं वे मानव मन के प्रवाह को भली भांति जानने की क्षमता रखते हैं और आपका सच्चा ह्रदय वे वैसे ही देख लेंगे।

हम क्यों अपनी आध्यात्मिक सफलताओं की शेखी बघारते हैं?
हम अपने आध्यात्मिक विकास के बारे में औरों को क्यों बताना चाहते हैं?

इसके दो कारण हैं। या तो हम यह करते हैं अपनी उच्चता को प्रमाणित करने के लिए। कहीं न कहीं हम चाहते हैं कि दूसरे जानें कि उनकी तरह हम भी आध्यात्मिक हैं और शायद उनसे कहीं अधिक आध्यात्मिक हैं। ऐसी प्रतिस्पर्धा की भावना भारत में बहुत देखने को मिलती है। यह हमसे बर्दाश्त नहीं होता कि ईश्वर औरों पर तो अपनी कृपा बरसा रहा है और अपना भेद खोल रहा है पर हम पर नहीं। इसलिए जब भी अध्यात्म की बातें होने लगती हैं तो हर भारतीय अपने अनुभव गिनाने लग जाता है। और अब तो पश्चिम में भी यह बीमारी फैलती जा रही है।

एक अन्य कारण बड़ा ही सूक्ष्म है कि क्यों हम अपने आध्यात्मिक अनुभवों के विषय में बात करते हैं। हम अध्यात्म की बातें कर के और लोगों को फंसाना चाहते हैं, उनको अपनी ओर आकर्षित करना चाहते हैं। ये बातें बस एक लेबल या फीते की तरह होती हैं। ये हम पर एक लेबल चिपका देती हैं। यह लेबल और लोगों को बताने की कोशिश होती है कि हम कितने गुणी हैं, और गुणी हैं इसलिए ईश्वर हमारे इतने करीब है और इसीलिए हमको इतने अनुभव होते हैं।

पर कबीर जानते हैं कि ऐसा करने (अर्थात अपने को उच्च सिद्ध करने या अपने आध्यात्मिक अनुभवों से औरों को आकर्षित करने) से उठे लाभ हमें बड़े महंगे पड़ते हैं। क्योंकि ऐसी

घोषणा से दो पहलू सामने आते हैं - एक तो यह कि आपको वास्तव में कितना अनुभव हुआ है और दूसरा वह जिसकी आप घोषणा कर बैठे हैं। अब चूंकि जो आपने अनुभव किया है उसको आप शब्दों द्वारा व्यक्त नहीं कर सकते इसलिए शब्द इस अनुभव को संकुचित कर देते हैं। ऐसा इसलिए कि अनुभव बड़ा सूक्ष्म होता है और शब्द अत्यंत स्थूल। शब्दों में अनुभव को बयान करने की प्रक्रिया में सार खो जाता है। शब्दों में बयान करने की प्रक्रिया में अनुभव की वास्तविकता पर प्रश्न उठ जाते हैं। और फिर आप कभी उसी तीव्र भाव से उस आध्यात्मिक अनुभव का आनंद नहीं उठा सकते क्योंकि स्थूल शब्द बीच में आ खड़े होते हैं। ये शब्द बोले जाने के पश्चात समाप्त नहीं हो जाते। ये शब्द-कर्म के रूप में स्थापित हो जाते हैं। और ऐसे शाब्दिक कर्म आपके मन पर आधात करते रहते हैं। यही मुख्य कारण है कि कबीर कहते हैं कि हृदय में स्थित सत के विषय में बोलना नहीं चाहिए।

वे यह भी कहते हैं कि ज्ञानियों की बड़ी तीव्र और सूक्ष्म दृष्टि होती है। वे जान ही लेंगे कि आप आध्यात्मिक अनुभव प्राप्त व्यक्ति हैं। वे माया की दीवार को भेद ही लेंगे और आपके हृदय को जांच लेंगे। अगर वह सच्चा हुआ तो वे आप से सदा के लिए जुड़ जाएंगे।

११

माली आवत देखि के, कलियां करें पुकार।
फूली फूली चुनि लई, काल हमारी बार।।

कबीर कहते हैं कि जैसे माली फूलों को चुनता है, इसी तरह मृत्यु का देवता या काल हर एक को अपना ग्रास बनाता ही है। अर्थात युवा अवस्था क्षणभंगुर होती है और मृत्यु अवश्यंभावी।

जैसा कि हर प्रबुद्ध व्यक्ति करता है, समय-समय पर कबीर भी मौत की बात करते हैं। बोध-युक्त लोग क्यों मृत्यु की बात करते हैं?

इसका कारण यह है कि जब आप यह सत्य जान और मान लेते हैं कि मृत्यु तो होनी ही है तो आप जीवन को पूर्णता से जीने लगते हैं, आप और जीवंत हो उठते हैं। दुसरा कारण यह है कि कबीर जानते हैं कि यह ज्ञान कि हम मरणशील हैं हमारे अहंकार को दबा देता है। अगर मनुष्य की आयु 500-700 वर्ष होती तो वह ईश्वर को भी चुनौती दे बैठता। कबीर इस बात का एहसास करते हैं और वे अकसर मौत की बात करते हैं।

कबीर जानते हैं कि मौत परछाई की तरह पीछे लगी रहती है। वे सदा मृत्यु को अपने साथ

अनुभव करते हैं। काल कभी भी डस सकता है। और यह एहसास कि वे अवश्य मृत्यु को प्राप्त होंगे उनको पूर्णतः जीवंत कर देता है। ऐसे बोध-युक्त व्यक्तियों को मृत्यु सदा साथ बैठी दिखती है और वह उनको एहसास दिलाती रहती है कि वे अपना कार्य कुशलता पूर्वक करें और जो आज कर सकते हैं उसको कल पर न छोड़ें, और न ही मन में अपराध भाव या अपने प्रति घृणा आने दें। ऐसे लोगों के लिए मृत्यु ज्ञान का संदेशवाहक बन जाती है। इसलिए इस दोहे में जब कबीर कहते हैं कि हम सब नश्वर हैं तो वे हमें मृत्यु के सामने खड़ा करके यही तथ्य जताना चाहते हैं क्योंकि अकसर हम भूल ही जाते हैं कि हमें मरना भी है।

१२

पात झरन्ता यौं कहै, सुन तरूवर बन राय।
अबके बिछुड़े न मिले, दूर पड़ेंगे जाय।।

कबीर बता रहे हैं कि पेड़ से बिछड़ते समय पत्ते उससे क्या कहते हैं। वे कहते हैं कि वे इतनी दूर उड़ कर पहुंच जाएंगे कि फिर कभी मिल नहीं पाएंगे। वे कहना चाहते हैं कि इस संसार के जीवों की भी यही अवस्था है जो कि मरने के बाद अज्ञात लोक में चले जाते हैं और फिर कभी मिल नहीं पाते।

यहां कबीर हमारे हृदयों में विद्यमान उस प्रेम की ओर इशारा कर रहे हैं जो कि हमें अपनों से होता है। तीन तरह का प्रेम हो सकता है, जिन्हें पश्चिमी दर्शन में नाम दिये गये हैं इरोस, फिलोस और अगेप।

इरोस का अर्थ है दो व्यक्तियों के बीच का प्रेम।

फिलोस का अर्थ है ज्ञान अथवा शिक्षा से प्रेम।

और अगेप का अर्थ है वह प्रेम जो कि इस पर निर्भर नहीं करता कि आपको क्या या कौन अच्छा या बुरा लगता है। वह प्रेम जो कि आपमें से सब के लिए प्रवाहित होता है, पूरे संसार के लिए प्रवाहित होता है। यह होता है अप्रतिबंधित या बेशर्त या असीम प्रेम। ऐसे प्रेम के बारे में ग्रंथों में अकसर बताया गया है।

पर यहां इस दोहे में कबीर इस प्रेम के विषय में नहीं बात कर रहे। वे इरोस या किसी अन्य मनुष्य के लिए प्रेम के बारे में बोल रहे हैं। वे कहते हैं कि जैसे दो पत्ते पेड़ से गिर कर दूर जा गिरते हैं, एक दिन आप और आपका प्रेमी या आपकी प्रेमिका भी बिछड़ जाएंगे। इसलिए आवश्यक है आप एक दूसरे के साथ का भली भांति आनंद लें और एक दूसरे से भरपूर प्रेम करें।

१३

कबीर यह गत अटपटी, चटपट लखी न जाए।
जो मन की खटपट मिटै, अधर भये ठहराय।।

कबीर परम अवस्था और आत्म–ज्ञान की अवस्था के बारे में बताने की कोशिश कर रहे हैं। वे मानते हैं कि इस अवस्था के बारे में कुछ कहना और इसको देख कर पहचानना बड़ा कठिन है। परंतु एक बार मन के संदेह समाप्त हो जाएं और वह केंद्रित हो जाए तो यह अवस्था बिना किसी सहायता के प्राप्त की जा सकती है।

कबीर कहते हैं कि अध्यात्म में जो अनुभव होते हैं उन्हें शब्दों के माध्यम से व्यक्त करना बड़ा कठिन है क्योंकि जब शब्दों का प्रयोग किया जाता है तो वास्तविकता कुछ और ही प्रतीत होती है। आत्म-ज्ञान एक वास्तविकता है जो कि आकाश में ऊंचा उड़ने समान है। यह एक ऊंची उड़ान है। बादलों को छूने की प्रकिया है। पर जब इसको शब्दों में बांधने का प्रयास किया जाता है तो ये शब्द मुर्गे के समान सिद्ध होते हैं - एक ऐसा पक्षी जो कि उछल और कूद तो सकता है पर ऊंची उड़ान नहीं भर सकता। इसलिए कबीर कहते हैं कि इस अवस्था को शब्दों में बयान करना बड़ा कठिन है।

साथ ही वे कहते हैं कि ये अनुभव बड़ी सरलता से प्राप्त हो सकते हैं। आपको इनके लिए किसी कर्मकाण्ड का सहारा नहीं लेना होता। आपको किसी गुरू का अनुसरण नहीं करना होता। ये बिना किसी सहायता के प्राप्त हो सकते हैं। आपकी आत्मा सदा आपके साथ है। आपको बस उसको प्रकट भर करना है।

कैसे प्रकट करेंगे?

जब मन के सारे संदेह समाप्त हो जाते हैं, भीतर विश्वास पैदा हो जाता है और मन केंद्रित हो जाता है तो यह आत्म-ज्ञान की अवस्था प्रकट हो जाती है।

१४

पाहन पूजै हरि मिलै, तो मैं पूजूं पहार।
ताते तो चक्की भली, पीसि खाये संसार।।

कबीर मूर्ति पूजन की निंदा कर रहे हैं। वे कहते हैं कि अगर पत्थर की मूर्ति को पूजने से ईश्वर से संपर्क हो जाता तो मैं पूरे पहाड़ की पूजा करने लग जाता। यह समझना आवश्यक है कि ऐसी पूजा अर्थहीन है। पत्थर की पूजा से तो अच्छा है चक्की चलाई

जाए क्योंकि चक्की कम से कम गेहूं को पीस कर आटा तो उपलब्ध कराती है जिससे पूरे संसार का पेट भरता है, जबकि पत्थर की मूर्ति संसार में बेकार जगह घेरती है।

कबीर मूर्ति पूजन की निंदा कर रहे हैं। उनके लिए ईश्वर कोई मानवतारोपी इकाई नहीं है। मानव आकृति रूपी ईश्वर की प्रतिमा, जिसकी मनुष्य ने कल्पना की है, में उनकी आस्था नहीं है। उनके लिए ईश्वर एक अवस्था है, एक शक्ति क्षेत्र है - एक ब्रह्माण्डीय शक्ति का क्षेत्र। वे कहते हैं कि अगर आप पत्थर की मूर्ति की पूजा करते हैं तो वे इससे भी बड़ी इकाई की पूजा करने को तैयार हैं। वे पहाड़ की पूजा करने को तैयार हैं। वे कहते हैं कि पत्थर की मूर्ति से तो चक्की भली है क्योंकि कम से कम उससे गेहूं तो पिसता है जिससे संसार के पोषण के लिए आटा मिलता है। मूर्ति तो बेकार में बस जगह घेरती है संसार में। पत्थर की प्रतिमा की पूजा वैसे भी हानिकारक है क्योंकि वह आपको कर्मकाण्ड में फंसाती है। इसके अतिरिक्त मूर्ति पूजा आपमें भय पैदा करती है।

एक सन्यासी की कथा है। बड़ी ही कड़कती हुई ठंडी रात में वह एक आश्रम में शरण लेने पहुंचा। वहां के महंत ने द्वार खोला और उससे कहा कि वह जाकर मंदिर में सो जाए। यह कहकर महंत अपने गर्म कमरे में चला गया और वहां ठाट से सो गया। वह मेहमान सन्यासी ठंड से कांप रहा था क्योंकि कड़ाके की सर्दी थी। तभी उसकी नज़र पड़ी मंदिर में स्थापित मूर्ति पर जो कि लकड़ी की बनी थी। तो उसने उस मूर्ति में आग लगा दी और उसे इंधन के रूप में प्रयोग करके गर्मी प्राप्त की। रात गुज़र गई। प्रातः काल जब महंत ने मंदिर में प्रवेश किया तो वह हतप्रभ रह गया। क्रोध के मारे वह आग बबूला हो गया क्योंकि उस सन्यासी ने मूर्ति को जलाकर राख कर दिया था। उसने आव देखा न ताव उस घोर पाप के लिए सन्यासी को आश्रम से धक्का देकर बाहर निकाल दिया।

शाम को मंदिर में एक अन्य मूर्ति स्थापित करके और उस मंदिर में हुए पाप के लिए प्रायश्चित करके महंत आश्रम से बाहर टहलने निकला। चलते-चलते वह एक मील के पत्थर के पास पहुंचा तो उस सन्यासी को देखा जिसने पिछली रात मंदिर में इतना बड़ा कांड कर डाला था। वह सन्यासी मील के पत्थर के सामने बैठा उसके आगे झुक रहा था और उस पर फूल चढ़ाकर पूजा कर रहा था। महंत को फिर झटका लगा। वह उस तक गया और बोला, “क्या तुम पागल हो? कल रात तुमने मंदिर की मूर्ति को जलाकर राख कर दिया और अब यहां बैठकर इस मील के पत्थर की ऐसे पूजा कर रहे हो मानो यह कोई प्रतिमा है।”

सन्यासी ने कहा, “मैं ईश्वर का धन्यवाद कर रहा हूं कि उसने कल मुझे वह मूर्ति दिखलाई और इतना साहस प्रदान किया कि उसका प्रयोग इंधन के रूप में कर सकूं तथा आज इस मील के पत्थर में ईश्वर का स्वरूप देखकर इसकी पूजा कर सकूं। उसने मुझे मुक्त कर दिया है।”

कबीर जानते हैं कि मूर्तियां कैसे आपको फंसाती हैं, कैसे डराती हैं, और कैसे आपको कायर बनाती हैं। इसलिए वे उन्हें बेकार मानते हैं। इसके विपरीत वे चक्की को उपयोगी मानते हैं। कबीर मानते हैं कि विश्वास से कहीं अधिक महत्वपूर्ण कर्म है। जैसा कि पैगंबर सेंट जेम्स ने कहा, "स्वयं को ईश्वर के बच्चों के रूप में पहचानने में हमारे विश्वास नहीं बल्कि हमारे कर्म हमारी सहायता करते हैं।" आपके कर्मों की तादात और उनका स्वरूप बताता है कि आप कितने भक्तिमय हैं। जिन होठों से प्रार्थना उच्चरित होती है, उससे अधिक महत्व कबीर आपके हाथों को देते हैं जो कि औरों के लिए कर्म करते हैं तथा दूसरों की सहायता करते हैं।

१५

मन मक्का दिल द्वारिका, काया काशी जान।
दस द्वारे का देहरा, तामें जोति पिछान।।

कबीर कहते हैं कि आपका मन मक्का है और आपका हृदय आत्म–ज्ञान का द्वार है। एक पवित्र, स्वस्थ शरीर काशी जैसे पावन स्थल के समान है। दूसरे शब्दों में किसी को तीर्थ यात्रा पर जाने की आवश्यकता नहीं क्योंकि मानव शरीर में क्षमता है कि वह यहीं और अभी सब कुछ प्राप्त कर ले।

मन को मक्का तथा हृदय को आत्म-ज्ञान का द्वार बताकर कबीर मन और हृदय के महत्व पर जोर दे रहे हैं। मन में सदा विचार उपजते रहते हैं और हृदय में भाव। जब इनका आपस में सामंजस्य होता है तो आत्म-ज्ञान प्राप्त होता ही है। तीसरी चीज जिसके बारे में कबीर बात कर रहे हैं वह है शरीर। उनके समय में शरीर को तिरस्कार से देखा जाता था और उसे अस्वच्छ और गंदा माना जाता था। कबीर कहते हैं कि स्वस्थ शरीर महत्वपूर्ण है। स्वस्थ शरीर के बिना आप आध्यात्मिक आनंद नहीं प्राप्त कर सकते। शरीर उस खेल के मैदान के समान है जहां कि मन और हृदय खेलते हैं, जहां अध्यात्म का खेल शुरू होता है। अगर खेल का मैदान नहीं होगा तो खेल नहीं खेला जा सकेगा। आत्म-ज्ञान के लिए शरीर परम आवश्यक है। वे कहते हैं कि बिना शरीर के आध्यात्मिक बोध नहीं हो सकता।

कबीर तीर्थ यात्रा को भी अर्थहीन मानते हैं। वे कहते हैं कि तीर्थ यात्रा पर जाने की कोई आवश्यकता नहीं। सब कुछ यहीं और अभी प्राप्त किया जा सकता है। तीर्थ यात्रा पर जाने, माला फेरने, व्रत रखने और सन्यासी बनकर जीने को वे अर्थहीन मानते हैं। उनके लिए इन सब का कोई महत्व नहीं।

मैत्रेय उपनिषद के एक श्लोक में यह विचार बड़े अच्छे ढ़ंग से प्रकट किया गया है –

उत्तम तत्व चिंत्वः, मध्यम शास्त्र चिंत्वः,
अधम मंत्र-तंत्र चिंत्वः, अधमाधमः तीर्थ भ्रंततमहः।

इसका अर्थ है कि उत्तम लोग दार्शनिक होते हैं, मध्यम लोग शास्त्रों का अध्ययन करने वाले होते हैं, मध्यम से नीचे वे होते हैं जो मंत्र-तंत्र (कर्मकाण्ड) का प्रयोग करते हैं, तथा सबसे अधम वे होते हैं जो एक तीर्थ स्थल से दूसरे ईश्वर को ढूंढते हुए भटकते रहते हैं। यह आपकी आध्यात्मिक अवस्था पर निर्भर करता है कि आपके लिए कौन सा मार्ग और किस प्रकार की पूजा उत्तम है। सबसे ऊंचे होते हैं दार्शनिक, दूसरे स्तर पर होते हैं शास्त्रों के अध्ययनकर्ता, तीसरे स्तर पर कर्मकाण्डी होते हैं और चौथे स्तर पर होते हैं एक तीर्थ से दूसरे तीर्थ घूमने वाले।

१६

जब तू आया जगत में, लोग हंसे तू रोय।
ऐसी करनी न करो, पीछे हंसे सब कोय।।

कबीर कहते हैं कि जब आपने जन्म लिया तो आप रो रहे थे, जबकि बाकि सब आपको देख कर प्रसन्न थे। सचेत रहें और ऐसे कर्म न करें कि आपके मरने पर लोग हंसे या शुक्र मनाएं कि आप चले गए। दूसरे शब्दों में जीवन को ऐसे जीएं कि मरने के बाद भी लोग आपको याद रखें।

कबीर कहते हैं कि जब आपका जन्म हुआ तो आप रो रहे थे और सब खुशी मना रहे थे। ऐसा न हो कि जब आपकी मृत्यु हो तो भी सब खुशी मनाएं। ऐसा हो कि लोग आपको याद करें। जब आप दुनिया से जाएं तो लोग आपको याद करें, तभी माना जाएगा कि आपने अर्थपूर्ण जीवन व्यतीत किया है।

जब आप नहीं रहेंगे तो क्यों लोग आपको याद करेंगे?

इसको समझने के लिए हम फिर से तीन प्रकार के प्रेम का विश्लेषण करते हैं। इरोस, फिलोस और अगेप। जैसा पहले कहा गया, इरोस का अर्थ है दो लोगों के बीच का प्रेम, फिलोस का अर्थ है ज्ञान के प्रति प्रेम और तीसरे प्रकार का प्रेम वह होता है जो कि आपको क्या या कौन अच्छा या बुरा लगता है उस पर निर्भर नहीं करता। जीसस इसी प्रेम की बात कर रहे थे जब उन्होंने कहा, “अपने शत्रुओं से प्रेम करो।” वह प्रेम जिसके बारे में सब गुरू कहते हैं कि बेशर्त या असीम प्रेम करो। हम इस तीसरे प्रकार के प्रेम की यहां बात नहीं करेंगे। यहां हम बात करेंगे इरोस और फिलोस की।

जब संबंध इरोस पर आधारित प्रेम का होता है, या दो लोगों के बीच प्रेम का होता है तो दोनों एक दूसरे से सुखी होते हैं और साथ होने पर एक दूसरे से सुख प्राप्त करते हैं। साथ ही वे दूसरे के गुणों को पहचानते हैं। यह साथ बड़ा सुखदायक और रचनात्मक होता है। जब आप किसी के साथ सुखी और समर्थ अनुभव करते हैं तो आप उसको याद करते हैं और उसके साथ के लिए तड़पते हैं।

दूसरी तरह का प्रेम होता है फिलोस या ज्ञान के लिए प्रेम। अनंत काल से मानव को ज्ञान से प्रेम रहा है। मानव उत्थान इसी प्रेम पर निर्भर करता है। जो लोग अपने कार्यों द्वारा पीछे अपने पदचिन्ह छोड़ जाते हैं, जो ज्ञान के अनेक दीपक जला जाते हैं उनको भी याद किया जाता है। तो या तो आपको याद किया जाएगा क्योंकि आपने किसी को सुख दिया या आपको याद किया जाएगा जब आप पीछे पदचिन्ह छोड़ कर जाएंगे। लोग मरते हैं, पर ऐसे संबंध कभी नहीं मरते और वे सदा बने रहते हैं।

१७

करैं बुराई सुख चहै, कैसे पावै कोय।
रोपै पेड़ बबूल का, आम कहां ते होय।

कबीर प्रश्न करते हैं कि बुरे कर्म करके कोई कैसे जीवन में सुख प्राप्त कर सकता है? यह तो ऐसे ही है जैसे कि बबूल का पेड़ बोकर आम पाने की इच्छा रखना। जो आप बोते हैं वो ही काटते हैं।

जैसा हम बोते हैं वैसा ही काटते हैं। इस संदर्भ में एक कथा याद आ रही है। एक आदमी एक ऐसे कुंए तक जा पहुंचा जो कि सब इच्छाएं पूर्ण कर सकता था। उसने अपने बटुए से एक सिक्का निकाला और उसे इस इच्छा के साथ कुंए में डाल दिया कि उसे एक सुंदर स्त्री मिल जाए। और अगले ही क्षण एक बहुत सुंदर स्त्री प्रकट हो गई। वह बहुत खुश हुआ और उसे चर्च ले जाकर उससे शादी कर ली। फिर उसे लेकर वह पूरे शहर भर में घूमने लगा और सब से मिलाने लगा। जब शाम हुई तो उसके साथ सुहाग रात मनाने के विचार से रोमांचित हो उठा। तब उस स्त्री ने अपने सिर से नकली बालों को अलग किया तो उसके पके बाल प्रकट हुए। कपड़े उतारे तो उस आदमी ने पाया कि वह बूढ़ी है और उसके सारे शरीर पर झुर्रियां हैं। उसको देख कर वह आदमी भय से चिल्ला पड़ा, “उस कुऐ ने मेरे साथ धोखा किया है। मैंने तो एक सुंदर स्त्री मांगी थी और उसने मुझे तुम जैसी अति कुरुप स्त्री दी ?”

तब उस स्त्री ने कहा, “नहीं! तुम्हारे साथ कोई धोखा नहीं हुआ। तुमने ही कुंए में खोटा सिक्का फेंका था। अब चलो प्रेम करें।” अगर कोई खराब बीज बोएगा तो उससे खराब

फल ही प्राप्त होगा। यह सिर्फ एक मनगढ़ंत कथा की बात नहीं है। वास्तव में संसार में ज्यादातर ऐसा होता है।

१८

बुरा ने देखा बुरा न सुना, बुरा ने कैही जोइ।
जो दिन खोया सब बुरा, मेरा बुरा न होइ।।

कबीर कहते हैं कि जो व्यक्ति अपनी इंद्रियों से सब पाप समाप्त कर देता है, जो कुछ भी बुरा नहीं देखता, सुनता या बोलता वह दूसरों के पापपूर्ण व्यवहार से सदा बचा रहता है।

मुझे बहुत से ऐसे लोग मिले हैं जो कि बिल्कुल निष्कपट होते हैं। वे विरले होते हैं, पर मैं कई एक ऐसे लोगों से मिला हूं। और मैंने पाया है कि वे धोखे और फरेब से बिल्कुल सुरक्षित रहते हैं। उन्हें कभी किसी ने धोखा नहीं दिया और न ही किसी ने उनका कभी फायदा उठाया या डराया। एक फिल्म याद आती है - *बेबीज़ डे आउट (Baby's Day Out)* जिसमें एक नौ माह के बड़े अमीर घर के बालक का तीन आदमी अपहरण कर लेते हैं। बालक खतरे से और अपहरणकर्ताओं के षड़यंत्र से पूर्णतः अनभिज्ञ रहता है। और प्रकृति इस प्रकार सदा उसकी सहायता करती है कि वह उन तीन अपहरणकर्ताओं पर भी भारी पड़ता है। अपहरणकर्ता बार-बार गड़बड़ कर बैठते हैं और उससे पराजित होते रहते हैं। और अनेकों खतरो से गुजरते हुए भी बालक को खरोंच तक नहीं आती और वह सुरक्षित बना रहता है।

कबीर इस प्रकार की निष्कपटता की शक्ति की बात कर रहे हैं। यह शक्ति तब काम करती है जब कि आपके मन में कोई पाप नहीं होता। यानि तब जब आप न पाप (बुरा) देखते हैं, न पाप (बुरा) सुनते हैं और न पाप (बुरा) बोलते हैं। जब ऐसा होता है तो आप औरों की बुराई से बचे रहते हैं। आपकी निष्कपटता एक अभेद्य कवच बन जाती है।

ऐसा क्यों होता है?

पहली बात तो यह कि सभी परिस्थितियों में किसी न किसी तरह आपकी रक्षा होती रहती है। दूसरी बात यह कि आपकी निष्कपटता आपको औरों की बुराइयों के प्रति अनभिज्ञ कर देती है। जब आप देख ही नहीं पाते कि दूसरा आदमी आपका क्या नुकसान कर सकता है तो आपको भय ही नहीं लगता और जब भय नहीं होता तो उस बुरे व्यक्ति तक संकेत ही नहीं पहुंचता डर का। (अधिकतर आपकी ओर से आने वाले भय/कमजोरी के संकेत के कारण ही बुरा व्यक्ति आप पर आक्रमण करता है।)

१६

कबीरा लोहा एक है, गढ़ने में है फेर।
ताहिका बख़तर बना, ताहिका समसेर।।

कबीर कहते हैं कि उसी लोहे से रक्षा के लिए कवच बनता है और उसी से काट डालने वाली तलवार। बस फर्क है उनके गढ़ने में कि आखिर लोहार चाहता क्या है। मायने ये कि यह व्यक्ति पर निर्भर करता है कि वह अपने ज्ञान, अपनी बुद्धि और अपनी शारीरिक शक्ति का प्रयोग कैसे करता है। व्यक्ति में सामर्थ्य होना चाहिए कि अपनी क्षमताओं का प्रयोग करने से पहले अच्छे और बुरे में फर्क कर सके।

यहां कबीर कहते हैं कि दो वस्तुओं में मूल तत्व एक हो सकता है पर उसको किस प्रकार गढ़ा जाता है उस पर निर्भर करता है कि उसका क्या आकार होगा और वह किस काम में ली जाएगी। उदाहरण के लिए कवच और तलवार दोनों में मूल तत्व एक, यानि लोहा, होता है। एक का प्रयोग होता है आत्म रक्षा के लिए और दूसरे का प्रयोग होता है आक्रमण के लिए। और एक उदाहरण लें तो एक पतीला भी लोहे का हो सकता है, पर उसका प्रयोग होता है खाना पकाने के लिए, तथा लोगों और आपका पेट भरने के लिए।

इसी प्रकार सभी मनुष्यों में मूल तत्व एक ही है। मान लो कि किसी मनुष्य में मूल तत्व है उसकी बुद्धि। उसका चरित्र कैसा है इस पर निर्भर करेगा कि वह अपनी बुद्धि का प्रयोग कैसे करता है। उसका चरित्र वह सांचा है जिसमें उसकी बुद्धि गढ़ी जाएगी। वह चाहे तो उसका प्रयोग कर सकता है दूसरों की भलाई के लिए या दूसरों की बुराई के लिए। यह निर्भर करेगा उसको गढ़ने वाले गुरू पर ।

२०

तन थिर मन थिर बचन थिर, सुरत निरत थिर होय।
कहै कबीर इस पलक को, कलप न पायो कोय।।

कबीर शरीर और ह्रदय के संतुलन की बात कर रहे हैं आपकी कथनी और करनी में। संतुलन के द्वारा ही इस ससांर के अमूल्य ज्ञान को प्राप्त किया जा सकता है।

कबीर एक संतुलित मन के विकास की बात करते हैं। एक संतुलित और शांत मन की ओर पहला कदम है बीच के मार्ग पर चलना। जब आप किसी भी चीज के अतिरेक से दूर रहते हैं और मध्य में स्थित रहते हैं तो आप न कायरता दिखाते हैं और न ही दु:साहस बल्कि आप

साहस दिखाते हैं। मध्य में स्थित रहते हुए गर्व और आत्मसंदेह के बीच आप विनय चुनते हैं, कंजूसी और अपव्यय के बीच आप उदारता को चुनते हैं, निराशा और मसखरेपन के बीच आप विनोदशीलता को चुनते हैं, तथा लड़ाकेपन और चापलूसी के बीच आप मित्रता को चुनते हैं।

कहने का तात्पर्य है कि आप सदा मध्य में स्थित रहते हैं। चीनी भाषा में इसके लिए शब्द है झौंग यौंग। झौंग यौंग का अर्थ होता है मध्य में और संतुलन में। इसलिए ऐसे संतुलन को प्राप्त करने के लिए पहला कदम होता है मध्य में स्थित होना। दूसरा कदम होता है आपने स्वभाव के अनुसार शब्द उच्चरित करना, यानि अपने विचारों, कर्मों और शब्दों में सामंजस्य स्थापित करना। ऐसा करने से आप अपने स्वभाव के अनुरूप जीने लगते हैं और जो बाहर प्रकट करते हैं वैसे ही आप भीतर भी होते हैं। अगर आपके व्यक्तित्व में कोई असंगति होती है तो इससे वह दूर हो जाती है। विसंगति और अशांति समाप्त होने लगती है और आप संतुलन की अवस्था को प्राप्त हो जाते हैं। जब आप ऐसी अवस्था में होते हैं तो आप का सामंजस्य ब्रह्माण्डीय सर्वव्यापक संतुलन से हो जाता है। तब प्रकृति का सुर आपमें से फूटने लगता है।

२१

मरूं पर मांगू नहीं, अपने तन के काज।
परमारथ के कारनै, मोहि न आवै लाज।।

कबीर कहते हैं कि दूसरों से मांगने से तो मर जाना अच्छा है। परंतु दूसरों के हित के लिए अगर मांगा जाए तो उसमें कोई शर्म की बात नहीं।

कबीर मांगने के खिलाफ हैं। एक अन्य दोहे में उन्होंने यह भी कहा है, “बिन मांगे मोती मिले, मांगे मिले न भीख।” (अर्थात बिना मांगे आपको मोती भी मिल सकते हैं और अगर आप मांगते हैं तो यह भीख मांगने समान होगा और आपको भीख भी नहीं मिलेगी।) हालांकि वे मांगने के खिलाफ हैं, परंतु वे कहते हैं कि औरों के हित के लिए मांगने में कोई शर्म नहीं और कोई बुराई भी नहीं।

शर्म तब आनी चाहिए जब आप अपने स्वार्थ के लिए मांगते हैं। पर अगर अपने लिए नहीं मांगा जाता तो यह मांगना निःस्वार्थ होगा। महात्मा गांधी ने भी यही बात कही है। क्यों? क्योंकि हो सकता है एक विलक्षण व्यक्ति या उदात्त विचारों वाले व्यक्ति के पास पैसा न हो। और हो सकता है कि पैसे वाला व्यक्ति उदार न हो या उसके पास समय न हो अथवा समझ न हो कि किस निःस्वार्थ कार्य में पैसा लगाए। इसीलिए गांधीजी ने दक्षिण अफ्रीका में एक श्वेत भूपति से जमीन का उपहार स्वीकार किया जिस पर उन्होंने टॉलस्टॉय फार्म को स्थापित किया।

इसलिए अगर दूसरों के हित के लिए ऐसा किया जाए तो मांगना बुरा नहीं रहता। कबीर इस दोहे में मांगने में संकोच करने वाले उदात्त व्यक्तियों को सलाह दे रहे हैं कि दूसरों के हित के लिए वे मांगने में संकोच न करें।

२२

कथनी कथै तो क्या हुआ, करनी न ठहराय।
कालबूत का कोट ज्यौं, देखत ही ढहि जाय।।

कबीर कहते हैं कि सच्चे चरित्र का अर्थ है कि जिस ज्ञान का उपदेश दें उसका स्वयं भी अनुसरण करें, नहीं तो आप मात्र एक कागज के महल की तरह होकर रह जाते हैं जो कि क्षण में बिखर जाता है। तब आपका पतन निश्चित होता है।

अगर आप अपने उपदेश का स्वयं पालन नहीं करते तो आपकी विश्वसनीयता जाती रहती है। अगर आप अपने उपदेश पर स्वयं अमल नहीं कर पाते और लोग आप पर ऊंगली उठाने लगते हैं तो आपके पास सफाई देने के लिए उचित कारण होना चाहिए।

मान लें आप डॉक्टर हैं और एक अज्ञानी व्यक्ति आपके पास आता है। आप जानते हैं कि वह मधुमेह से पीड़ित है तो आप उसको सलाह देते हैं कि वह मीठा नहीं खाए। दूसरे दिन आप एक रैस्तरां में कोई मिष्ठान खा रहे होते हैं तो वह आ पहुंचता है और आपसे कहता है, "डॉक्टर, आपने मुझसे कहा था कि मैं मीठा न खाऊं और आप स्वयं जी भर कर मिठाई खा रहे हैं।" ऐसी परिस्थिति में आपको उसको समझाना होगा कि आप की अवस्था भिन्न है। वह रोगी है और आप स्वस्थ हैं, इसलिए आप मीठा खा सकते हैं पर वह नहीं। इस स्थिति में समझाना आवश्यक है और स्पष्टीकरण सही भी होना चाहिए। परंतु अधिकतर तो यही आवश्यक होता है कि जो आप कहते हैं उस पर स्वयं भी अमल करें। अगर आप ऐसा नहीं करते तो आपके पास कोई सही स्पष्टीकरण होना चाहिए, नहीं तो आप अपनी विश्वसनीयता को खो बैठेंगे।

विश्व का सबसे शक्तिशाली राष्ट्र अमरीका आज अपनी विश्वसनीयता खोता जा रहा है। क्यों?

उदाहरण के लिए अमरीका कहता है कि देशों के बीच व्यापार प्रतिबंध हटाए जाने चाहिएं। परंतु उसने सबसे अधिक विकास तब किया जब वह स्वयं संरक्षणवादी नीतियां अपनाए था। अपने कृषकों की रक्षा के लिए वह आज भी संरक्षणात्मक उपाय और अनुदान प्रदान कर रहा है। पर वह बाकि के देशों, विशेषतः अविकसित देशों, से कहता है कि वे अनुदान नहीं प्रदान करें और न ही व्यापार प्रतिबंध लगाएं। इसलिए आज विकासशील देशों के राष्ट्राध्यक्ष कहते हैं, "जैसा अमरीका कहता है वैसा न करो, जैसा अमरीका करता है वैसा करो।"

यह समझना अवश्यक है कि ऐसी दोहरी नीतियों वाले लोग क्षण में विश्वसनीयता खो बैठते हैं। जब कथनी और करनी के बीच सामंजस्य नहीं होता तो संतुलन बिगड़ जाता है। और क्योंकि संतुलन और सफलता का आपस में चोली-दामन का साथ होता है, इसलिए ऐसे लोग उच्चतम सफलता प्राप्त करने की संभावना खो बैठते हैं। ऐसे लोग स्वयं को चतुर समझते हैं। और ऐसी सड़क छाप चतुराई से अनेकों प्रभावित भी होते हैं। पर चरित्र की दृढ़ता न होने के कारण उनका जीवन मार्ग कभी भी राजमार्ग नहीं बन पाता और वे कभी सच्ची, ऊंची उड़ान नहीं भर पाते। इसके विपरीत वे बस सड़क छाप होकर रह जाते हैं।

२३

कथनी मीठी खांड सी, करनी विष की लोय।
कथनी से करनी करै, विष से अमृत होय।।

कबीर उन ढ़ोंगियों की बात कर रहे हैं जिनके बोल तो चीनी के समान मीठे होते हैं पर कर्म विष समान जहरीले और हानिकारक। वे कहते हैं कि ऐसे लोग अगर अपनी कथनी और करनी के प्रति सचेत हो जाएं तो उनमें विष को अमृत में परिवर्तित करने की क्षमता आ जाती है।

कबीर उन लोगों की बात कर रहे हैं जो बोल तो ऊंचे बोलते हैं पर कर्म घिनौने करते हैं। वे कहते हैं कि अगर ऐसे लोग स्वयं को परिवर्तित करने का प्रयास करें तो उनके लिए ऐसा करना बड़ा आसान होगा। ऐसा इसलिए क्योंकि ऊपर से तो वे अच्छी ही बातें करते हैं। बस जैसा वे बाहर दिखाते हैं अपने आप को, मन से बिल्कुल विपरीत होते हैं। कबीर कहते हैं कि यही बाहरी अच्छाई भीतर प्रवेश कर सकती है उनके शब्दों के द्वारा। उनके शब्द परिवर्तन का कारण बन सकते हैं। अधिकतर लोग पहले अपनी कथनी को सुधारते हैं, फिर अपने व्यवहार को और फिर यही सुगंध उनके मन में पहुंच कर उनके विचारों का परिवर्तित करने लग जाती है।

२४

सांचे कोइ न पतीयई, झूठै जग पतिपाय।
गली गली गो रस फिरै, मदिरा बैठ बिकाय।।

कबीर इस बात का दुख मना रहे हैं कि सच पर किसी को विश्वास नहीं है क्योंकि कोई भी उसके मोल को नहीं समझता। सच्चा व्यक्ति दूध बेचने वाले के समान होता है जिसे कि घर–घर जाकर दूध बेचना पड़ता है जबकि झूठा व्यक्ति शराब बेचने वाले जैसा होता है जो कि एक स्थान पर बैठ कर भरपूर बिक्री कर लेता है।

सत हितकारी होता है पर उसका असर प्रकट होने में समय लगता है, जबकि झूठ का नशा एकदम से चढ़ जाता है। झूठ का मज़ा क्षण में प्रकट हो जाता है, पर उसका दुष्परिणाम प्रकट होने में लंबा समय लगता है। इसीलिए शराब बेचने वाले को ग्राहक आसानी से मिल जाते हैं, जबकि दूध बेचने वाले को घर-घर जाकर दूध बेचना पड़ता है।

कबीर के अनुसार (जीवन भर उन्होंने इसे चरित्रार्थ करके दिखाया) अच्छी चीज बेचने या अच्छी बातें बताने वाले व्यक्ति को चाहिए कि वह लोगों तक जाए। वे जानते हैं कि ज्ञानी व्यक्ति संकोची होता है। कबीर चाहते हैं कि वह अपने संकोच को त्याग कर दूध वाले की तरह लोगों तक पहुंचे।

एक बार एक ज्ञानी था जिसे लगता था कि वह दुनिया को बहुत कुछ सिखा सकता है, पर संकोच के कारण वह किसी के पास नहीं जा पाता था। उसको बहुत ज्ञान था तथा यह ज्ञान और इसे बांटने की इच्छा उसमें दिन-प्रतिदिन बढ़ रही थी। पर लोगों को गलत करते देख भी वह उन तक जाने और यह कहने की हिम्मत नहीं कर पाता था, "चलो, मैं तुमको सही मार्ग दिखलाऊं।"

उसे लगता कि वह ऐसा करेगा तो लोग उसको घमंडी या दूसरों के काम में टांग अड़ाने वाला समझेंगे या फिर उसका तिरस्कार कर बैठेंगे। एक दिन जब वह एक भरी हुई बस में कहीं जा रहा था तो एकाएक उसकी तीव्र इच्छा हुई कि वह उठे, लोगों को संबोधित करे और अपना ज्ञान उनको दे।

तो वह उठा और बोलने लगा। जिन लोगों को बस से उतरना था (अपने-अपने स्टॉप पर) वे भी अपनी सीटों से चिपक कर बैठे रहे और उसकी बातें सुनते रहे। एक घंटे बाद उसका जब प्रवचन समाप्त हुआ तो लोगों ने खड़े होकर उसका अभिवादन किया। आगे चलकर वह एक बहुत बड़ा समाज सुधारक बना। कबीर चाहते हैं कि एक अच्छा आदमी अपनी बातों को जग के सामने रखने और बोलने की हिम्मत रखे। तभी उसके सच को एक दृढ़ और मजबूत आधार प्राप्त हो सकता है, झूठ और फरेब से कहीं अधिक।

२५

छिमा बड़न को चाहिए, छोटन को उतपात।
कहॉ विष्णु को घट गयो, जो भृगु मारी लात।।

कबीर कहते हैं कि बड़े व्यक्ति में छोटों को माफ करने की क्षमता होनी चाहिए। जैसा कि हमारे ग्रंथ बताते हैं ऋषि भृगु द्वारा भगवान विष्णु को लात मारे जाने पर

उनका तो मान कहीं कम नहीं हुआ। भगवान विष्णु ने उनको तुरंत क्षमा कर दिया। क्षमा करना कोई कमजोरी का चिन्ह नहीं अपितु बड़प्पन और अंतःबल की निशानी है।

अगर आप अपने से छोटों के साथ लड़ते हैं तो आप स्वयं को ही नीचा दिखाते हैं। आपके चरित्र का पता इस बात से लगता है कि आप किस स्तर के शत्रु से उलझते हैं। आपके शत्रु आपकी पहचान हैं। अगर कोई गलती कर दे या आपको अप्रसन्न कर दे तो अपने से छोटों के प्रति अनुकंपा करते हुए या यह जानते हुए कि वे अज्ञानी या अबोध हैं उनको क्षमा कर देना चाहिए।

हमारे ग्रंथ बताते हैं कि एक बार ऋषि भृगु मानवों पर दानवों द्वारा किए जा रहे अत्याचार और अन्याय की शिकायत करने जब भगवान विष्णु के पास पहुंचे तो उन्हें ऐसे आराम करते पाया मानो वे लोगों के कष्ट के प्रति उदासीन हैं। क्रोध में आकर भृगु ने विष्णु पर लात से आघात किया। पर विष्णु ने उनके अपराध को अनदेखा करते हुए उनको क्षमा कर दिया। कबीर इसी प्रसंग का संकेत अपने दोहे में कर रहे हैं। वे कहते हैं कि अपने से छोटों को क्षमा कर देना चाहिए। किंतु इस दोहे में दी गई सलाह किसी हद तक ही उचित है।

२६

कबिरा घास न निंदिये, जो पांवों तलि होय।
उड़ि पडै जब आंख में, खारा दुहेला होय।।

कबीर छोटों को या कमजोर जनों का अनादर न करने के लिए कहते हैं कि कहीं वे आपको गहरी हानि न पहुंचा दें। अगर आप अपने पैरों के नीचे के तिनके को रौंदते हैं तो वह उड़ कर आपकी आंख में गिर सकता है और आंख को अंधा कर सकता है।

कबीर एक बार फिर कमजोरों और छोटों के प्रति आपकी अनुकंपा को जागृत करने का प्रयास कर रहे हैं। वे कहते हैं कि औरों का अपमान न करें और न ही किसी को अपने से कम समझें। पैरों के नीचे पड़े तिनके को भी न रौंदें, नहीं तो हो सकता है कि कभी झुकते समय वही तिनका आपकी आंख में आ गिरे। कबीर ऐसा इसलिए भी कहते हैं क्योंकि उस समय का भारत, आज के ही भारत की तरह, ऊंच-नीच के भावों से भरा था। हमसे जो छोटे होते हैं उनसे हम दुर्व्यवहार करते रहते हैं। कबीर हमारी इस कमजोरी को जानते हैं और हमें सचेत कर रहे हैं कि ऐसा न करें।

२७

जाति न पूछो साधु की, पूछि लीजिये ज्ञान।
मोल करो तरवार का, पड़ी रहन दो म्यान।।

कबीर कहते हैं कि जब किसी संत या ज्ञानी का परिचय जान रहे हों तो उसकी जाति या धर्म के बारे में न पूछें बल्कि उसके गहन ज्ञान के विषय में जानने का प्रयत्न करें। ठीक उसी प्रकार जैसे तलवार खरीदते समय तलवार का मोल करना बेहतर होता है और म्यान को परखना बेकार।

कबीर कहते हैं कि संत क्या कहता है उस पर ध्यान देना चाहिए। वह कहां से आया है या उसका क्या तरीका है सिखाने का या उसका क्या नाम, जाति या धर्म है इस पर न ध्यान दें। उसके ज्ञान पर ध्यान देना चाहिए। उसका तरीका, उसका परिचय, उसकी जाति और धर्म ये सब म्यान के समान हैं। उसका ज्ञान तलवार समान है। बाहरी परिवेष से प्रभावित न हों। संत का मोल करना हो तो उसके ज्ञान पर ध्यान दो।

२८

कामी क्रोधी लालची, इनते भक्ति न होय।
भक्ति करै कोई सूरमा, जाति बरन कुल खोय।।

कबीर कहते हैं कि कामुक इच्छाओं में फंसे लोग, वे लोग जो आसानी से क्रोधित हो जाते हैं या जो लालची होते हैं कभी भी अपने भीतर भक्ति पैदा नहीं कर सकते। केवल वे जो जाति, धर्म और घराने के बंधनों से ऊपर उठतें हैं और सबको सम्मान से देखते हैं स्वयं को प्रार्थना के आनंद में डुबो सकते हैं।

कबीर के अनुसार तीन तरह के लोग स्वयं को प्रार्थना में संलग्न नहीं कर सकते - जो कामुक इच्छाओं में फंसे हैं, जो लालची हैं और जो आसानी से अपना आपा खो देते हैं या क्रोधित हो जाते हैं। जो कामुक इच्छाओं में फंसे होते हैं या जो लालची होते हैं वे एक अनंत मायाजाल में फंस जाते हैं। उदाहरण के लिए जब आप बहुत अधिक संभोग में उतरते हैं तो आपकी कामुकता और भी बढ़ जाती है। जितना आप संभोग करते हैं उतनी ही तृष्णा बढ़ती जाती है। धन के साथ भी ऐसा ही होता है। आप एक जाल में फंस जाते हैं जिसमें से निकल पाना असंभव होता है। आप चाहकर भी उससे छूट नहीं पाते। पैसे के फेर में भक्ति करने का आपके पास समय या अवसर ही नहीं रहता।

जो लोग बहुत जल्दी गुस्सा हो जाते हैं उनके लिए भी भक्ति के मार्ग पर चलना बड़ा कठिन

होता है क्योंकि जब आप क्रोधित होते हैं तो असंतुलित हो जाते हैं। जब आप आपा खो देते हैं तो आप एक छोर पर होते हैं और आप चीखने-चिल्लाने, मारने-पीटने और तोड़ने-फोड़ने लगते हैं। और फिर आप दूसरे छोर पर पहुंच जाते हैं - अपराध भाव और दुख का छोर। इस तरह आप घड़ी के पेंडुलम की तरह एक ओर से दूसरी ओर झूलते रहते हैं। आप कभी संतुलित नहीं हो पाते। और भक्ति के मार्ग पर बढ़ने के लिए यह संतुलन आवश्यक है।

कबीर इस बात पर जोर देते हैं कि जो भक्ति के मार्ग पर चलना चाहते हैं या जो प्रार्थना के आनंद को प्राप्त करना चाहते हैं उनके लिए आवश्यक है कि वे जाति, घराने और धर्म के बंधनों से मुक्त हो जाएं। विशेषतः धर्म क्योंकि धर्म कर्मकाण्ड में फंसा देता है, जिससे भक्ति में बाधा पड़ती है। धर्म की रूढ़िवादिता आपको बंधनयुक्त करती है और आप आध्यात्मिक अनुभवों के लिए तैयार नहीं हो पाते।

२६

सातों सायर मैं फिरा, जंबू द्वीप दौ पीठ।
निंद पराइ न करै, सो कोइ बिरला दीठ।।

कबीर कहते हैं कि वे सात समुद्र पार तक गए हैं और सारे संसार का भ्रमण किया है। वे दुख से कहते हैं कि जहां भी वे गए उन्होंने पाया कि लोग दूसरों की बदनामी करने और दूसरों को नीचा दिखाने में देर नहीं लगाते।

जब भी आप बाहर संसार में जाते हैं तो दूसरों को नीचा दिखाने का प्रयत्न करते हैं। कबीर आपकी इस आदत की बात कर रहे हैं। यह आदत बनती है प्रतिस्पर्धा के कारण। बचपन से ही हमें प्रतिस्पर्धा करना सिखाया जाता है। अगर पड़ोस के बच्चे की तरह हम जल्दी चलना नहीं सीखते तो हमारे माता-पिता जबरदस्ती चलाने का प्रयत्न करते हैं। अगर हम पड़ोस के बच्चे की तरह बोल नहीं पाते तो हमारे माता-पिता हमें बोलने के लिए उकसाते हैं। इसलिए यह प्रतिस्पर्धा की भावना संस्कारों द्वारा हममें कूट-कूट भर दी जाती है।

कई बार आप दूसरे व्यक्ति की निंदा करते हैं क्योंकि आपको लग सकता है कि अभी आप ऐसा सब के सामने नहीं करेंगे तो बाद में जब आप वहां नहीं होंगे तो वह आपके बारे में बुरा भला कहेगा। हो सकता है आप ऐसा हौले से करें, पर करते जरूर हैं ताकि अगर वह कभी पीछे से आपकी अलोचना करता है तो वह निष्प्रभाव हो सके। 'दूसरे के साथ पहले ही वह कर दो जो वह आपके खिलाफ कर सकता है' - यह भावना आज पूरे संसार में विद्यमान है, हालांकि पूर्व में यह पश्चिम की अपेक्षा कहीं अधिक बलवती है। क्यों?

हो सकता है ऐसा इसलिए है क्योंकि पूर्व में जनसंख्या अधिक है और इसलिए प्रतिस्पर्धा भी अधिक है। इसलिए आपसी जलन की भावना भी अधिक है। दूसरे का अपमान करने और उसे नीचा दिखाने की इच्छा जलन और प्रतिस्पर्धा के कारण ही आती है। और शायद इसलिए भी कि साधन कम हैं और लोग अधिक। जब पद और प्रतिष्ठा सबसे अधिक महत्वपूर्ण हो जाते हैं तो आप हर क्षण अपनी प्रतिष्ठा को बढ़ाने के लिए प्रयास करते रहते हैं। आप हर समय संघर्ष करते रहते हैं। यह कहा जाता है कि बड़े लोग बड़े बनते हैं दूसरों को भी बड़ा बनाकर, जबकि छोटे लोग बड़े बनते हैं दूसरों को छोटा बनाकर। इसी कमजोरी की बात कबीर कर रहे हैं, यानि दूसरे को नीचा दिखाने या नीचे खींचने की इच्छा जिससे कि आप उसके सामने बड़े या ऊंचे दिख सकें।

३०

सायर नाहीं सीप बिन, स्वाति बूंद भी नाहिं।
कबीर मोती नीपजै, सुन्नि सिसिर गढ़ माहिं।।

कबीर कहते हैं कि हालांकि पर्वत की चोटी पर कोई समुद्री सीप नहीं पाए जाते और न ही वहां मोतियों की वर्षा ही होती है, पर अकसर पर्वतों की चोटियों से बहुमूल्य रत्न प्राप्त होते हैं।

रत्नों से कबीर का आश्रय है आध्यात्मिक बोध प्राप्त संत और ऋषि जो कि पर्वतों की चोटियों पर जाकर साधना-तपस्या करते हैं। कन्फ्यूशियस भी कहते हैं कि चतुर लोग सागर तथा गुणी लोग पर्वतों के समान होते हैं। शायद पर्वतों की पारलौकिक शांति, जो कि एक निमंत्रण पत्र के समान होती है, सब के लिए आकर्षण का केंद्र होती है। सागर में कोलाहल होता है। अगर आप कभी रात को सागर किनारे गए हैं तो उस समय जब बाकि सब कुछ शांत होता है तो सागर का कोलाहल सुनने को मिलता है। इसके विपरीत पर्वतों में एक सुखदायक शांति होती है। पर्वतों का वातावरण बड़ा आध्यात्मिक होता है और इसीलिए जो भी आध्यात्मिकता में उतरते हैं वे पर्वतों से आकृष्ट हुए बिना नहीं रह पाते।

३१

जग में बैरी कोय नहीं, जो मन शीतल होय।
या आपा को डारि दे, दया करे सब कोय।।

कबीर ज्ञान दे रहे हैं कि अगर आपका मन शांत, शीतल और संतुलित है तो वह किसी से भी नहीं भिड़ेगा और फिर इस दुनिया में आपके कोई शत्रु नहीं होंगे। यह जरूरी है कि आप अपने अहं को एक तरफ रख दें, फिर आपको सभी से प्रेम और दया प्राप्त हो पाएगी।

यहां कबीर बता रहे हैं कि किस प्रकार शत्रुता और अपने भीतर की हिंसक प्रवृति को समाप्त किया जा सकता है। वे कहते हैं कि अगर आपका मन शांत, शीतल और संतुलित है तो फिर आपकी किसी से कलह नहीं होगी। वे बताते हैं कि झगड़े या मतभेद या मनमुटाव का कारण दूसरा व्यक्ति नहीं होता। कारण आपके भीतर होता है। जैन धर्म में णमोकार मंत्र है। इसमें पांच गुरुओं को नमस्कार किया जाता है। पहले नमस्कार (अरिहंतों यानि सबसे उच्च गुरुओं को) का उदाहरण मैं यहां दे रहा हूं क्योंकि उसका संबंध इस दोहे से है। अरिहंत वे होते हैं जिनका कोई शत्रु नहीं होता, जिन्होंने सब विरोधियों और उपद्रवी विचारों को जीत लिया हो और पूर्ण संतुलन की अवस्था को प्राप्त कर लिया हो।

व्यक्ति अरिहंत कैसे बन सकता है?

अपने मन की गति को बदल कर और उसको एक उच्च दशा तक ले जाकर। उसको प्रतिस्पर्धा और स्वत्व के भाव से हटाकर सर्व अंगीकार के भाव में अवस्थित करके। अरिहंत संसार में परिवर्तन इसलिए नहीं देखता कि बाहर कुछ बदल रहा है, बल्कि इसलिए कि मन में परिवर्तन हो रहा है। जैसा कि किसी ने कहा है कि हम दुनिया में वह नहीं देखते जो वहां है, बल्कि वह देखते हैं जो हमारे मन में होता है। एक बार अब्राहम लिंकन को किसी स्त्री ने कहा, "आप अपने विरोधियों को मित्र कहकर क्यों संबोधित कर रहे हैं? ये हमारे शत्रु हैं और इनको खत्म कर देना चाहिए।"

इस पर अब्राहम लिंकन ने कहा, "क्या इनको मित्र कहकर और इनको मित्र मानकर मैं अपने शत्रुओं को समाप्त नहीं कर रहा?"

पर इससे पहले आप अपने शत्रुओं को मित्र कहकर संबोधित करें, यह आवश्यक है कि आप उन्हें मित्र के रूप में देखें जैसा कि लिंकन करते थे।

कभी-कभी आवश्यक होता है कि आप अपने शत्रुओं से उलझें और उन पर विजय प्राप्त करें, और कभी-कभी यह आवश्यक है आप उनसे न उलझें और उनके दिलों पर विजय प्राप्त करें। कबीर इस दूसरी संभावना की बात कर रहे हैं जिसमें मन शांत और संतुलित बना रहता है।

३२

कुंभै बांधा जल रहे, जल बिन कुंभै न होय।
ज्ञानै बांधा मन रहै, मन बिनु ज्ञान न होय।।

कबीर कहते हैं कि जल कुंभ या घड़े में रहता है क्योंकि कुंभ बना ही इसलिए है।

और मिट्टी एवं पानी को बिना मिलाए कुंभ बन भी नहीं सकता। अर्थात आपसी सहयोग के कारण ही जल और कुंभ अस्तित्व में रहते हैं। इसी प्रकार एक बेचैन मन तभी शांत हो सकता है जब वह सच्चे ज्ञान की लगाम से बंधा हो। साथ ही मन की सहायता से ही सच्चा ज्ञान प्राप्त करना संभव है।

यहां कबीर कहते हैं कि सच्चा ज्ञान और मन (बुद्धि) आपसी सहयोग से चलते हैं। बिना मन के सच्चा ज्ञान प्राप्त नहीं हो सकता। कबीर उस पूर्वीय आस्था का विरोध कर रहे हैं जिसमें कहा जाता है मन को एक तरफ रख देना चाहिए। इस आस्था का विरोध करना बड़े साहस का काम है क्योंकि अनंत काल से भारतीय महाॠषि कहते आए हैं कि मन को एक तरफ रख दो। क्या पता इसके पीछे कोई गुप्त कारण रहा हो? हो सकता है कि गुरू इसलिए मन को एक तरफ रखने को कह रहा है कि मन के रहने से कहीं शिष्य उसके ढ़ोंग और पाखण्ड़ को न पहचान ले। या हो सकता है उसने ऐसा सुना हो और बस वह तोते की तरह रटे जा रहा हो 'मन को एक तरफ रख दो, मन को एक तरफ रख दो'।

पूर्व में मन की बड़ी आलोचना हुई है। हमारे गुरुओं के कारण भारत में मन को हीन दृष्टि से देखा जाता है और मन का यह अपमान हमें बड़ा महंगा पड़ा है। यहां के लोगों में इतनी बुद्धि होने के बावजूद पिछले 2000 वर्षों में भारत ने विश्व को कोई भी ठोस आविष्कार नहीं प्रदान किया है। हम कहते हैं कि हमने यह खोजा, वह खोजा पर हमने इन 20 सदियों में दिया क्या विश्व को? भाप का इंजन पश्चिम में बना, कार पश्चिम में बनी, विद्युतशक्ति पश्चिम में खोजी गई, दूरभाष का आविष्कार पश्चिम में हुआ, वातानुकूल का आविष्कार पश्चिम में हुआ, हवाई जहाज पश्चिम में बना, पहली अंतरिक्ष यात्रा पश्चिम से हुई। ठीक है प्राचीन काल में हम उच्चतम शिखर पर थे, पर वर्तमान में हमने क्या योगदान किया है?

तभी मैं कहता हूं कि मन को एक तरफ मत रखो, मन को और तेज़ करो। अगर मन तेज़ होगा तो आप अ-मन की अवस्था को भी प्राप्त कर सकते हैं जो कि अध्यात्म का लक्ष्य होता है। कैसे?

जब आप अपने मन को तेज़ करते हैं तो आखिर उसका एक पक्ष इतना तीव्र हो जाता है कि दूसरा जो पक्ष रह जाता है वह होता है अ-मन। फिर आप जब चाहें अ-मन की अवस्था में बस यों ही उतर सकते हैं। और जब आप मन को तेज़ करेंगे तो बीच में अनेकों उपफल प्राप्त होंगे। हो सकता है आप कोई किताब लिख दें या संगीत रचने लगें या कोई फिल्म बना दें या कोई आविष्कार ही कर बैठें क्योंकि ये सब मन के उपफल हैं। तो मन को तेज़ करके अ-मन की अवस्था तक पहुंचने की प्रक्रिया में आप न केवल इस लोक में बल्कि परलोक में भी अपना भला करेंगे।

३३

आव गया आदर गया, नैनके गया स्नेह।
यह तीनो तबही गये, जबही कहा कछू देय।।

कबीर कहते हैं कि व्यक्ति को कुछ भी मांगने की आदत से दूर रहना चाहिए क्योंकि संबंध में जो प्रेम और आदर होता है वह इससे समाप्त हो जाता है।

कबीर के अनुसार किसी भी संबंध में प्रेम का प्रादुर्भाव होता है निःस्वार्थता की भावना से और आदर उपजता है गरिमा से। अगर आप बार-बार किसी से सहायता मांगते हो तो आप निःस्वार्थ नहीं रहे। फिर वह संबंध आपके लिए केवल लाभपरक होकर रह गया। इससे आपकी गरिमा और आदर भी कम होते हैं। इसलिए कबीर कहते हैं कि सहायता मांगने की आदत से बचना चाहिए। हालांकि वे इस आदत से बचने के लिए कहते हैं, पर वे यह नहीं कहते कि आप कभी भी सहायता नहीं मांगें। बस इसकी आदत न बनाएं। क्योंकि आदत बनने से आदर और प्रेम जाता रहता है।

कबीर आत्म-सम्मान युक्त व्यक्तित्व थे। एक दोहे में उन्होंने यह भी कहा है कि बिना निमंत्रण आप कहीं न जाएं या ऐसी जगह न जाएं जहां आपका स्वागत न हो क्योंकि इससे आपकी गरिमा घटती है। एक अन्य दोहे में वे कहते हैं कि अगर गृहलक्ष्मी बार-बार आपसे आने का कारण पूछे और घर का मालिक आपके पिता को उनके नाम से संबोधित करे तो आपको बुरा लगेगा और आपका आत्म-सम्मान कम होगा। एक दूसरे प्रचलित दोहे में वे कहते हैं कि अधिक निकटता से स्नेह घटता है। अपने मित्रों के ज्यादा करीब भी न जाएं, नहीं तो आप उनका आदर खो बैठेंगे।

३४

कबीर तहां न जाइये, जहां जो कुल को हेत।
साधुपनो जानै नहीं, नाम बाप को लेत।।

कबीर कहते हैं कि ऐसे परिवार जनों या रिश्तेदारों के यहां न जाएं जो आपकी उपलब्धियों, ज्ञान और प्रतिष्ठा का मोल न जानें।

जीसस की ही तरह कबीर भी जानते थे कि किसी भी मसीहा का अपने शहर में कोई आदर नहीं होता। जब जीसस अपने शिष्यों के साथ अपने शहर गए तो वहां के लोगों ने उनका अपमान किया। क्यों? क्योंकि वे जीसस को एक आध्यात्मिक गुरू होने का आदर नहीं देना चाहते थे। उन्होंने उनको एक बढ़ई का बेटा कहकर संबोधित किया और उनको बुरा-भला भी कहा। उनके शिष्यों ने पूछा, “ये आपसे ऐसा व्यवहार क्यों कर रहे हैं?”

तो जीसस ने कहा, "एक मसीहा का अपने शहर में कभी आदर नहीं होता।" ऐसा इसलिए कि आपके प्रति ईर्ष्या सबसे अधिक आपके अपने शहर में होगी। मान लो कि दो छोटे व्यापारी हैं जो साथ बड़े हुए हैं या एक दूसरे को जानते हैं, तो उनमें जो कम सफल होगा वह अपने से अधिक सफल व्यापारी से ईर्ष्या करेगा। पर क्या आपको लगता है कि वह टाटा, अम्बानी या बिल गेट्स से ईर्ष्या करेगा?

नहीं। वे उसकी परिधि से बाहर के व्यापारी हैं। वे उसकी ईर्ष्या से परे हैं। आपके संबंधियों और मित्रों की ईर्ष्या की परिधि में आप रहते हैं। इसीलिए वे आपसे इतनी ईर्ष्या करते हैं। न केवल वे आपसे ईर्ष्या करते हैं बल्कि एक अन्य भाव भी उनमें होता है। संबंधियों एवं मित्रों को लग सकता है कि अब चूंकि यह व्यक्ति इतना ऊंचा उठ गया है तो क्या पता इससे मिल पाना भी कठिन हो जाए। तो वे आपको नीचा दिखाने की कोशिश करते हैं। कबीर कहते हैं कि ऐसे लोग कभी आपको ज्ञानी के रूप में स्वीकार नहीं कर पाएंगे। इसलिए आपको ऐसे लोगों के यहां नहीं जाना चाहिए जो आपकी उपलब्धियों, ज्ञान और प्रतिष्ठा का मोल न जानें।

३५

हस्ती चढ़िए ज्ञान की, सहज दुलीचा डार।
स्वान रूप संसार है, भूंकन दे झकमार।।

कबीर कहते हैं कि आपका चाहिए कि आप सब जगह जाकर सच्चे ज्ञान की वर्षा करते रहें बिना इस बात की चिंता किए कि लोग क्या बोल रहे हैं। यह संसार तो एक श्वान की तरह अज्ञानी है और भौंकना इसकी आदत। आखिर यह भौंक–भौंक कर थक जाएगा और अपने आप शांत हो जाएगा।

यहां कबीर कहना चाहते हैं कि अपने सपनों को अवश्य पूरा करने की कोशिश करो, बिना इसकी चिंता किए कि और लोग क्या कहेंगे। लोग तो कुछ न कुछ बोलेंगे ही। कुछ तो लोग कहेंगे, लोगों का काम है कहना।

एक बूढ़े आदमी, उसके बेटे और उनके गधे की एक कहानी है। वे एक गांव से दूसरे गांव जा रहे थे। पिता गधे पर बैठा था और बेटा पैदल चल रहा था। कुछ लोग उनके साथ से गुज़रे तो आपस में बात करने लगे, "कैसा बाप है यह? खुद आराम से गधे पर बैठा है और बेटे को पैदल चला रहा है।" उनकी यह बात सुनकर पिता गधे से उतरा और बेटे को चढा दिया।

कुछ दूर ही गए होंगे कि फिर कुछ लोग पास से गुज़रे। बाप-बेटे को देखकर वे बात करने लगे, "कैसा बेशर्म और स्वार्थी बेटा है। बेचारा बूढ़ा बाप पैदल चल रहा है और यह खुद ठाट से गधे पर बैठा है।"

जब उनकी बात बाप-बेटे ने सुनी तो दोनों ही गधे पर चढ़ बैठे और आगे बढ़ने लगे। थोड़ी आगे जाने पर उन्हें देखकर कुछ अन्य लोग आपस में बोलने लगे, "कितने निर्दयी बाप-बेटे हैं। दोनों चढ़ बैठे हैं बेचारे बेज़बान गधे पर।" उनकी बात सुनकर दोनों गधे से उतर गए और उसको लेकर पैदल ही आगे बढ़ने लगे। अभी सौ कदम ही गए होंगे कि कुछ और लोग उनको देखकर बोलने लगे, "ये बाप-बेटे तो बिल्कुल मूर्ख हैं। पास गधा है और पैदल चल रहे हैं। बैठ क्यों नहीं जाते इस पर?"

बेचारे दोनों समझ नहीं पाए कि अब करें तो क्या करें। तो आखिर उन्होंने एक लंबा बांस लिया और गधे के पैरों को उससे बांध कर, बांस के दोनों सिरों को कंधे पर रखकर चलने लगे। गधा उलटा लटका हुआ था और वे उसे उठाकर लिए चले जा रहे थे कि फिर कुछ लोग पास से निकले। इस अजीब दृश्य हो देखकर वे दंग रह गए और बोले, "हद हो गई। ये बाप-बेटे तो दोनों पागल हैं।" उस समय वे गुजर रहे थे एक नदी पर बने एक पुल के ऊपर से। गधा भी बेचारा हैरान-परेशान था कि आखिर हो क्या रहा है। भय के मारे वह जोरों से अपनी बंधी लातों को चलाने की कोशिश कर रहा था। उसके ऐसा करने से बाप-बेटे का संतुलन बिगड़ गया और वे नदी में जा गिरे और तीनों डूब कर मर गए।

क्या सीख मिलती है इस कहानी से?

यही कि आप कुछ भी कर रहे हो, लोग तो देख-सुन कर कुछ न कुछ कहेंगे ही। और अगर आप उनकी बातों में आ गए तो आप गए काम से। उनकी बातों का असर आप पर हो जाएगा। और वे अपने शब्दों पर आपको नचाने लग जाएंगे। तो कबीर कहते हैं कि वही करो जो आपके मन में है। अपनी बुद्धि और अपने अंतर्मन की बात सुन कर काम करो। फिर दुनिया के तानों या विपरीत बातों की परवाह न करो। आखिरकार जब लोग जान लेंगे कि आपका इरादा अटल है और उनकी बातों का आप पर कोई असर नहीं होता तो वे थक कर बोलना ही बंद कर देंगे।

३६

कैसा भी सामर्थ्य हो, बिना उद्यम दुख पाय।
निकट असन बिन कर चले, कैसे मुख में जाय।।

कबीर कहते हैं कि व्यक्ति कितना ही शक्ति या प्रतिभा संपन्न क्यों न हो, बिना मेहनत के वह दुख ही पाता है। जैसे कि बेशक भोजन आपके सामने रखा हो पर वह आपके मुख में तब तक नहीं पहुंचेगा जब तक आप अपने हाथों का प्रयोग नहीं करते। यानि कि कोई भी कार्य पूरा करने के लिए कोशिश और परिश्रम तो करना ही पड़ता है।

यहां कबीर एक अन्य बड़ा मूलभूत सत्य प्रकट करते हैं जो कि भारत के लिए तो बड़ा प्रासंगिक है। वे कहते हैं कि आप बेशक प्रतिभाशाली हों पर अगर आप कठोर परिश्रम नहीं करते तो आप सफल नहीं हो सकते। भारत के लिए यह क्यों संगत पूर्ण बात है यह?

क्योंकि भारत में दो परंपराएं हैं - एक है ब्राह्मण परंपरा और दूसरी है श्रमण परंपरा। ब्राह्मण परंपरा कहती है कि जो होना है वो होकर रहेगा। आपके भाग्य के अनुसार ही सब कुछ होगा। और आपकी काशिशें बेकार ही सिद्ध होंगी। वहीं श्रमण परंपरा कहती है कि कर्म ही सबसे महत्वपूर्ण है। आपके कर्म के आधार पर आपको फल प्राप्त होगा। भारत का यह दुर्भाग्य रहा है कि हमने ब्राह्मण परंपरा में कुछ अधिक ही आस्था रखी है और श्रमण परंपरा में बहुत कम। और सच कहें तो अनेकों सदियों तक ब्राह्मण परंपरा श्रमण परंपरा पर हावी रही और उसको उठने ही नहीं दिया। चमत्कार और अंधविश्वास इसी परंपरा के कारण जन्मे। जब मुगलों ने भारत पर आक्रमण किया तो कहा जाता है कि तब हजारों हिंदु पुरुष उनसे लड़ने के बजाय कैलाश पर्वत जा पहुंचे और भगवान शिव की पूजा-अर्चना करने लगे कि वे अपना तीसरा नेत्र खोल दें और मुगलों को भस्म कर दें। जब कई माह की पूजा के बाद भी कुछ नहीं हुआ तो वे अपने-अपने घर लौट आए और पाया कि न केवल मुगल वहां आ बसे हैं बल्कि उनकी पत्नियों को भी अपना लिया है।

कबीर एक ज्ञानी पुरुष हैं। इस दोहे में वे श्रमण परंपरा की बात कर रहे हैं। जब तक आप परिश्रम नहीं करेंगे आपको फल नहीं प्राप्त होगा। और वे यह भी जानते हैं कि ब्राह्मण परंपरा में इतना सुख क्यों है। वह इसलिए क्योंकि यह परंपरा आपसे परिश्रम करने की अपेक्षा नहीं रखती। यह परंपरा हमारे आलसी स्वभाव को बहुत रुचिकर लगती है। यही नहीं, यह परंपरा बड़े विचित्र तरीकों का अनुमोदन करती है और बड़े-बड़े सपने दिखाती है। उदाहरण के लिए आप एक स्थान से दूसरे स्थान पर जा सकते हो बिना कुछ करे।

कबीर इसी परंपरा का विरोध कर रहे हैं। अभी तक मैं जिस भी सफल व्यक्ति से मिला हूं, मैंने यही पाया है कि बिना परिश्रम सफलता प्राप्त नहीं होती। हां, सफलता के लिए धैर्यपूर्वक प्रतीक्षा करना सही उपाय है, पर लगातार प्रयास और परिश्रम तो परम आवश्यक हैं, ताकि जब भी आपको अपनी प्रतिभा को सिद्ध करने का अवसर मिले तो आप उसे चूक न जाएं। अगर आप संगीतकार हैं तो आप सही मंच तक पहुंचने का इंतज़ार तो करिये पर साथ ही परिश्रम भी करते रहिए जिससे कल आपको सही मंच मिल जाए तो आप दुनिया को दिखा दें कि आपका संगीत कितना मधुर है।

परिश्रम इच्छा या कामना का प्रकटीकरण है। वह एक शक्तिशाली चुंबक है जो कि सर्वव्यापक परम शक्ति को अपनी ओर खींचता है। जब बादल खेतों में आपको पसीना बहाते देखते हैं तो

वे बरसने को तत्पर हो जाते हैं। कबीर परिश्रम के महत्व को उजागर कर रहे हैं। ऐसा नहीं है कि कबीर भाग्य में विश्वास नहीं करते। पर वे जानते हैं कि सौभाग्य का भी लाभ उठाने के लिए परिश्रम आवश्यक है। अगर आपकी नाव किनारे पर हो तो अनुकूल हवा बहने का क्या फायदा?अगर आपने कभी नाव न चलाई हो तो कैसे पतवार संभालेंगे जब हवा अनुकूल बह रही होगी? यह भी हो सकता है कि अगर प्रयोग न होने के कारण आपकी इंद्रियां शिथिल हो गई हैं तो आप अनुकूल हवा को ही न पहचान पाएं। एक अच्छे अवसर को पहचानने और उसका लाभ उठाने के लिए आपको कड़ा परिश्रम करना होगा।

३७

श्रम ते ही सब होत है, जो मन राखै धीर।
श्रम ते खोदत कूप ज्यों, थल में प्रगटै नीर।।

कबीर मानते हैं कि केवल कठोर परिश्रम तथा धैर्य के द्वारा ही सफलता प्राप्त की जा सकती है। कड़े परिश्रम के द्वारा ही कुंआ खोद कर धरती के भीतर से पानी मिल पाता है। दृढ़ता और धैर्य ही सफलता की कुंजियां हैं।

यहां भी कबीर कठोर परिश्रम तथा लगन की बात कर रहे हैं। वे कहते हैं कि अगर आप कुंआ खोद रहे हैं तो अवश्य ही कभी न कभी आप पानी तक पहुंच जाएंगे। बस खोदते रहने की आवश्यकता है। मैं यहां तक कहना चाहूंगा कि अगर आप कुंआ खोद रहे हैं और फिर भी आप पानी तक नहीं पहुंच पाएं तो भी खोदते रहें – हो सकता है पानी की जगह आपको तेल मिल जाए जिसको बेच कर आप कुछ पानी के कुओं के ही मालिक नहीं, कई तालाबों के मालिक बन सकते हैं। इसलिए हार न मानें। अगर आपको भरोसा है कि जो मार्ग आपने चुना है वह ठीक है तो बिना थमे चलते रहें।

३८

धीरे धीरे रे मना, धीरे सब कुछ होये।
मालि सींचे सौ घड़ा, रितु आये फल होये।।

कबीर कहना चाहते हैं कि ब्रह्माण्ड अपनी गति से चलता है। आप उसकी गति को बढ़ा नहीं सकते। ठीक इसी प्रकार हजारों बाल्टी पानी डालकर भी आप समय से पहले एक बीज को अंकुरित नहीं करा सकते। जब मौसम आएगा वह तो तभी फूटेगा।

यह दोहा ब्रह्माण्ड की गतिविधियों के विषय में गहन समझ को दर्शाता है। कबीर जानते हैं कि

ब्रह्माण्ड अपनी ही गति से चलता है। उसको आप जबरदस्ती तेज नहीं कर सकते। इसलिए वे सलाह देते हैं कि आप धैर्य रखें। वे लगन में विश्वास करते हैं, दुराग्रह में नहीं। कई बार आग्रह हानिकारक हो सकता है और कई बार बेकार सिद्ध हो सकता है। मान लें आप डॉक्टर हैं और एक संतानहीन दंपति आपके पास आता है और आप बिना उनकी शारीरिक जांच करे उन्हें बस प्रयास करते रहने के लिए कहते हैं, तो क्या आप समझते हैं कि इस प्रकार कोशिश करते रहने से वे सफल हो जाएंगे?

कुछ भी नहीं होगा। आपको पहले समस्या को जानना होगा कि क्यों वह स्त्री गर्भ धारण नहीं कर पा रही आदि। कोशिश करते रहने में एक प्रकार का आग्रह छिपा होता है। हालांकि लगन दृढ़ता का सूचक है, परंतु दुराग्रह एक प्रकार का ज़िद्दीपन है, जिससे ब्रह्माण्ड की लयात्मकता भंग होती है। दुराग्रह हानिकारक हो सकता है। आपको परिश्रम, कोशिश या प्रयत्न तब करना चाहिए जब आपको लगे कि अब समय आपके अनुकूल है। समय अनुकूल नहीं है तो धैर्य रखें। धीरज से काम करते रहें और ज़िद्दीपन न दिखाएं।

३६

नवन नवन बहु अंतरा, नवन नवन बहु बान।
ऐ तीनों बहुतै नबै, चीता चोर कमान।।

कबीर बताते हैं कि झुकने का अर्थ विनम्रता नहीं होता। वे शिकारी, चीते और चोर का उदाहरण देते हैं जो कि बहुत ज्यादा झुकते हैं, पर गलत इरादे से। उनका कहने का अर्थ है कि बहुत ज्यादा झुकने वाले लोगों से बच कर रहना चाहिए।

कबीर बात कर रहे हैं झूठी विनम्रता की। ऐसी विनम्रता को सच्चा समझा जा सकता है, पर वह होती है गलत इरादे से, दूसरों का धोखा देने के लिए। कई बार लोग विनम्रता दिखाते हैं केवल आपसे काम निकलवाने के लिए या फिर वे ऐसा कर सकते हैं क्योंकि उनके पास ऐसा करने के सिवा और कोई चारा नहीं है। यह सच्ची विनम्रता नहीं होती। उदाहरण के लिए बुढ़ापे में लोग अकसर विनम्र हो जाते हैं। ऐसा केवल इसलिए होता है क्योंकि वे शारीरिक रूप से कमजोर और असहाय हो गए हैं, न कि इसलिए कि उनमें कोई भीतरी परिवर्तन आया है। अपने अहंकार को बनाए रखने के लिए जरूरी है कि आपमें एक आक्रमकता हो, जो कि तभी संभव है जब आप शारीरिक रूप से मजबूत हों। और बुढ़ापे के साथ अधिकतर यह शारीरिक क्षमता क्षीण हो जाती है। इसलिए बूढ़े व्यक्ति के पास कोई उपाय नहीं बचता इसके सिवा कि वह विनम्र हो जाए। पर यह विनम्रता किसी परिवर्तन के कारण नहीं आती। यह तो कमजोरी के कारण और पीठ झुकने के कारण आती है। यह विनम्रता सच्ची नहीं होती।

एक अन्य प्रकार की भी विनम्रता होती है जो कि अहंकार से ही प्रकट होती है, जब एक शक्ति संपन्न व्यक्ति विनम्रता का अभिनय करता है। शक्ति और विनम्रता के इस अदभुत समन्वय से वह आसानी से लोगों के ध्यान को अपनी ओर खींच पाता है और लोग कहे बिना नहीं रह पाते, "वाह, इतना बड़ा आदमी और इतना विनम्र!" ऐसी विनम्रता अहंकार की अग्नि में घी का काम करती है। यह मात्र अहंकार की एक सूक्ष्म लीला होती है क्योंकि यह विनम्रता भी नकली होती है। ढोंग मात्र होती है। और हो सकता है कि आपको एहसास भी न हो कि आप ढ़ोंग कर रहे हैं। गोल्डा मेयर इसी प्रकार की विनम्रता की बात कर रही थीं जब एक ऐसे ही व्यक्ति को उन्होंने कहा, "इतने विनम्र न बनो। आखिर तुम इतने बड़े आदमी भी नहीं हो।"

एक तीसरे प्रकार की विनम्रता होती है जो कि बस औरों की नकल मात्र होती है। कुछ लोग कहते हैं कि विनम्र होना आवश्यक है। यह सुनकर आप दाएं-बाएं देखते हैं और जब पाते हैं कि कोई विरोध नहीं कर रहा तो आप भी कहने लगते हैं - हां, हां विनम्रता परम आवश्यक है। और फिर देखा-देखी सभी कह उठते हैं कि विनम्रता आवश्यक है और इस प्रकार सभी विनम्रता का लिबास ओढ़ लेते हैं। पर यह भी ढोंग ही होता है। तीनों प्रकार की विनम्रता नकली है और कबीर आपको इनके प्रति सचेत कर रहे हैं।

४०

प्रीति ताहि सो कीजिये, जो आप समाना होय।
कबहुक जो अवगुन पड़ै, गुन ही लहै समोय।।

कबीर सलाह देते हैं कि उसी व्यक्ति से मित्रता करें या प्रेम करें जिसके नैतिक मूल्य आप जैसे हों। वह ऐसा हो जो आपकी गलतियों को क्षमा कर सके और जब आप कोई गलती कर बैठें तो आपके गुणों को याद रख सके।

कबीर कहते हैं कि कोई भी मित्र चुनते समय आवश्यक है कि समान नैतिक मूल्य वाले व्यक्ति को चुना जाए। मित्र ऐसा हो कि वह समय आने पर आपके गलत व्यवहार को क्षमा कर सके, यह जानते हुए कि यह आपका स्वभाव नहीं है। उसमें बदला लेने की भावना नहीं हो, बल्कि यह क्षमता हो कि आपके ऐसे व्यवहार को मित्रता के परिप्रेक्ष्य में देखते हुए चुप रह सके। जब वह ऐसा करता है तो आपका व्यवहार मित्रता के असीम सागर में मात्र एक छोटी सी लहर बन कर रह जाता है। आप के बीच ऐसा संबंध दोनों के ही लिए अनुकूल सिद्ध होता है। वह एक ऐसा संबंध सिद्ध होता है जो कि एक या दो अपवादों के अतिरिक्त पुष्टिदायक भावों से परिपूर्ण होता है। जब ऐसा मित्र आपके गलत व्यवहार को इस दृष्टि से देखता है तो वह आपको बखूबी समझ पाता है और इस कारण वह अपवादों को आप दोनों के संबंध के बीच में नहीं आने देता। ऐसे समय वह आपके गुणों, आपकी अच्छाइयों और आपकी खूबियों को याद रखता है।

४१

राम बुलावा आया तो, कबीरा दे दिया रोए।
जो सुख साधु संगत में, बैकुंठ में न होए।।

कबीर कहते हैं कि साधु जनों या अच्छे लोगों की संगति इतनी पूरक और संतोषजनक होती है कि कोई इसे स्वर्ग के लिए भी नहीं छोड़ना चाहेगा।

कबीर बताना चाहते हैं कि अच्छे लोगों की संगति कितनी मनोकूल होती है। वे कहते हैं, "भगवान ने मुझे स्वर्ग बुला लिया है, पर मैं नहीं जाना चाहता क्योंकि मैं साधु जनों या अच्छे लोगों की संगति का यहां आनंद उठा रहा हूँ।" उनके लिए साधु जनों का सतसंग मोक्ष से भी ज्यादा आकर्षक और संतोषजनक है। उनको अच्छी संगति मिल गई है और इस सतसंग में उन्हें बड़ा आनंद प्राप्त हुआ है। यह दोहा उनकी उसी आनंद की अवस्था को दर्शाता है।

४२

या दुनिया में आइके, छाड़ि देय तू ऐंठ।
लेना है सो लेइ ले, उठि जात है पैंठ।।

कबीर अहंकार एवं घमंड को छोड़ने या उनकी उपेक्षा करने पर जोर दे रहे हैं। जीव बहुत छोटा है और व्यक्ति को चाहिए कि वह कोशिश और परिश्रम करके कोई उपलब्धि प्राप्त करे, न कि घमंड।

कबीर उपलब्धि पर ध्यान केंद्रित करने के लिए कह रहे हैं। वे कहते हैं कि आपके पद और आपकी प्रतिष्ठा का प्रभाव आपकी कार्यकुशलता पर न पड़े। आपका कर्म जरूरी है। जब भी लगे कि सफलता सिर चढ़ कर बोलने की कोशिश कर रही है तो सही दृष्टिकोण अपनाने की कोशिश करें। उन लोगों का ध्यान करें जो कि आपसे अधिक सफल रहे हैं। इससे आपका अहंकार शांत होगा।

यह भी कोशिश करें कि आप विशाल परिप्रेक्ष्य में अपने स्थान को जान सकें। एक बार सुकरात अपने कुछ छात्रों के साथ अपने विद्यालय में बैठे थे कि एथन्स के एक बहुत धनवान तथा शक्तिशाली व्यक्ति ने कमरे में प्रवेश किया। सुकरात पढ़ाने-समझाने में इतने व्यस्त थे कि उन्होंने उसे आते देखा ही नहीं। उस व्यक्ति को बहुत बुरा लगा पर उसने कुछ देर प्रतीक्षा करने की सोची। परंतु जैसे-जैसे एक-एक मिनट बीतने लगा उसका क्रोध बढ़ने लगा। करीब आधे घंटे बाद गुस्से से तिलमिलाते हुए वह चिल्लाया, "तुम शायद जानते नहीं कि मैं कौन हूं।"

सुकरात ने उस आगंतुक की ओर देखा और कहा,"चलो यह भी तय किए लेते हैं।" उसने विश्व का एक मानचित्र मंगाया और उस आदमी से कहा कि वह मानचित्र पर उसको दिखाए कि एथन्स कहां है। बड़ी देर तक ध्यान से देखने के बाद उस आदमी ने एक छोटे से बिंदु की ओर इशारा किया। फिर सुकरात ने उस आदमी से कहा कि वह मानचित्र पर अब अपना महल, अपनी जमीन-जायदाद आदि दिखाए। उस व्यक्ति को एकदम झटका लगा और उसको एहसास हुआ कि जिस संपत्ति को लेकर वह इतना घमंड करता था वह तो विश्व में एक बिंदु में भी छोटे से बिंदु के समान है। तत्काल उसे अपनी तुच्छता का एहसास हुआ। जो सीखना था वह सीख चुका था। सुकरात ने मानचित्र को लपेटा और उस आदमी को थमा दिया जिससे वह याद रख सके कि इतने बड़े विश्व में उसकी हैसियत क्या है।

आप बस अपने कार्य पर ध्यान दें। बाकि सब तो स्वयं हो जाएगा। आपको समाज में अपना स्थान स्वयं मिल जाएगा। आपको घमंड के साथ कुछ जताना नहीं पड़ेगा। यश आपको खुद ब खुद मिल जाएगा। जो आपका श्रेय है वो आपको जरूर प्राप्त होगा। अगर इस जीवन में ऐसा नहीं हुआ और अगर आप अपने कार्य में लगनशील रहे तो भी आप पीछे काल के पटल पर अपने पदचिन्ह छोड़ जाएंगे जिन्हें कोई भी आंधी मिटा नहीं सकेगी।

४३

बड़ा बड़ाई न करै, छोटा बहु इतराय।
ज्यौं प्यादा फरजी भया, टेढ़ा मेढ़ा जाय।।

कबीर कहते हैं कि ज्ञानी अपनी प्रशंसा स्वयं नहीं करता। केवल जो अज्ञानी होता है वह ज्ञानी दिखने के लिए अपने मुंह मियां मिठ्ठु बनता फिरता है और इस प्रयास में अपनी मूर्खता का ही परिचय देता है। यह ऐसा ही होता है जैसे कि एक प्यादा वज़ीर की चाल चलने की कोशिश करे जो कि शतरंज के खेल के नियमों के विरुद्ध है।

अपने महत्व को ज्यादा ऊंचा न आंकने लगें। रेलगाड़ी को कोई उसकी सीटी आगे नहीं खींचती। जब आप आत्म प्रशंसा करने लगते हैं तो आपका विकास थम जाता है। जब आप अपने मुंह मियां मिठ्ठु बनते हैं तो न केवल वह बड़ा ही अजीब लगता है और न केवल आप अपना मज़ाक उड़ाते हैं, बल्कि आप अपने चारों ओर एक दीवार खींच कर उन विचारों को आने से रोक देते हैं जो कि आपको अपनी गलतियों को सुधारने के लिए प्रेरित कर सकते हैं। लोग यही सोचने लगते हैं कि आप इतने आत्म सम्मोहित हैं कि किसी भी सलाह को स्वीकार नहीं कर पाएंगे।

जो सेनापति बड़ी-बड़ी हांकता रहता हो, उसके सैनिक कभी विशिष्ट नहीं हो सकते। इसलिए आत्म प्रशंसा से आपकी अपनी टीम या आपके सहयोगी भी कमजोर पड़ते हैं। वे कुछ कर दिखाने की अपेक्षा आपकी बड़ाई करने में लगे रहते हैं। कबीर कहते हैं कि जब भगवान इंद्र भी स्वयं अपनी प्रशंसा करते हैं तो उन्हें हीन समझा जाता है। इसलिए आत्म प्रशंसा छोड़ कर आपको अपने कर्म और अपने योगदान की ओर ध्यान देना चाहिए।

४४

शब्द गुरू का शब्द है, काया का गुरू काय।
भक्ति करै नित शब्द की, सत्गुरू यौं समुझाय।।

कबीर कहते हैं कि शब्दों के महत्व को शब्द ही उद्घाटित कर सकते हैं, ठीक उसी प्रकार जैसे शरीर के द्वारा ही शरीर का ज्ञान प्राप्त हो सकता है। वे सलाह देते हैं कि सच्चे ज्ञान के शब्दों की सब पूजा करें क्योंकि इसी प्रकार जीवन में तन–मन का पूर्ण अनुभव प्राप्त हो सकता है।

कबीर शब्दों की महत्ता को प्रकट कर रहे हैं। आज यह कहना एक फैशन सा हो गया है, "मुझे ऐसा विचित्र दिव्य अनुभव हुआ कि उसको शब्दों में बयान कर पाना असंभव है" या "शब्दों में बयान करके मैं उसका आनंद समाप्त नहीं करना चाहूंगा"। हां, ऐसे अनुभव अवश्य होते हैं जिनको शब्दों में अभिव्यक्त कर पाना संभव नहीं होता। परंतु हमें काशिश तो करनी ही चाहिए। अनंभव को बयान करने की नहीं - स्वयं को बयान करने की - क्योंकि हम जब उन अनुभवों को बयान करने की कोशिश करते हैं, जिनको विद्यमान शब्दों के द्वारा अभिव्यक्त नहीं किया जा सकता, तो नए शब्दों का निर्माण होता है। और कबीर यह भली-भांति जानते हैं।

क्या आप जानते हैं कि बाइबल में केवल तीन रंग हैं? यानि पूरी बाइबल में तीन रंगों का ही उल्लेख है। क्या उस समय कम रंग होते थे? या केवल तीन रंग होते थे? नहीं। उस समय भी उतने ही रंग होते थे जितने कि आज होते हैं पर उस समय बाकि के रंगों की भाषा द्वारा अभिव्यक्ति के लिए शब्द नहीं थे। मान लो कि लोग मान कर बैठ जाते कि बाकि के रंगों के लिए कोई शाब्दिक अभिव्यक्ति संभव नहीं है तो आज हमारे पास उन रंगों के नाम नहीं होते। इसलिए हमें कोशिश करनी चाहिए कि हम भाषा की हदों को बढ़ाएं जिससे उन अनुभवों को भी अभिव्यक्त कर सकें जो आज संभव नहीं। इसीलिए कबीर शब्दों की महत्ता को व्यक्त कर रहे हैं। शब्दों के द्वारा ही सच्चाई जानी जा सकती है। असल में शब्द विचारों की अभिव्यक्ति होते हैं। बिना शब्दों के सोच पाना संभव नहीं। और कबीर इस दोहे में शब्दों का महत्त्व बता रहे हैं।

४५

माया मुई न मन मुआ, मरि मरि गया शरीर।
आशा तृष्णा न मुई, यौं कथि कहैं कबीर।।

कबीर कहते हैं कि जन्म–मृत्यु के इस चक्र में लालच, मोह, इच्छाओं तथा महत्त्वाकांक्षाओं का कोई अंत नहीं होता। ऐसी स्थिति में कोई कैसे पूर्णता या आत्म–ज्ञान प्राप्त कर सकता है?

इस दोहे में कबीर एक और मूलभूत सत्य प्रकट कर रहे हैं कि इच्छाऐं कभी समाप्त नहीं होतीं। आप बेशक संसार से चले जाएं पर कामनाएं बनी रहती हैं। यही वर्तमान मनोविज्ञान आज कह रहा है कि इच्छा ही जीवन का आधार स्तंभ है। तभी जीवन कहता है, "अगर तुम पूरे मन से कोई इच्छा करते हो तो वह अवश्य पूरी होती है।" जीवन आपसे यह अपेक्षा नहीं रखता कि आप इच्छा को त्याग दें। इसके विपरीत वह चाहता है कि आप पूरे मन से इच्छा करें। पश्चिमी मनोविज्ञान ने जान लिया है कि इच्छा को हटाया नहीं जा सकता। बल्कि इच्छा को दबाने के बजाय उसका प्रयोग करना चाहिए। और अगर पुनर्जन्म एक सच है तो इसका संबंध इच्छाओं से ही है। और भारत जैसे देश में, जहां कि इच्छा रखना सदा से हीन माना जाता है, कबीर ने साहस दिखलाया और कहा कि इच्छाऐं स्थायी होती हैं और वे नहीं जातीं।

४६

टालै टुलै दिन गयो, ब्याज बढ़न्ता जाय।
ना हरि भजा न खत कटा, काल पहुंचा आय।

कबीर कहते हैं कि हम भविष्य के लिए काम को टालते हुए जीते रहते हैं। इससे हमारे मन पर पापों का बोझ बढ़ता जाता है क्योंकि हम अपने उत्तरदायित्व का निर्वाह नहीं करते। हम मृत्यु के समय अपने आध्यात्मिक जीवन की उपेक्षा किए चले जाते हैं और इसी बात का पश्चाताप करते हैं।

कबीर सचेत कर रहे हैं कि कल के लिए किसी काम को न टालें। कबीर के दृष्टिकोण में दो बड़ी महत्वपूर्ण बातें हैं। पहली बात है आपका आध्यात्मिक विकास तथा दूसरी है अपने उत्तरदायित्वों का निर्वाह। वे कहते हैं कि आपको अपने उत्तरदायित्वों का निर्वाह करते हुए अपने परिवार और समाज में योगदान करना चाहिए तथा साथ ही आध्यात्मिक विकास के लिए भी प्रयत्न करते रहना चाहिए। तभी आप एक अच्छा जीवन व्यतीत कर पाएंगे। नहीं तो जब मृत्यु की घड़ी आएगी तो आप पश्चाताप से भर उठेंगे कि आपने अपना जीवन व्यर्थ गंवा दिया। जीवन के रूप में आपको एक अवसर मिला था और आप बस किनारे पर बैठे रहे। आप गहरे

सागर में उतर कर मोती चुन कर ला सकते थे और अद्वितीय अनुभव प्राप्त कर सकते थे, पर आप कायर निकले और जीवन के उपहार के मोल को जान ही न पाए। किनारे पर बैठे रहे और मुट्ठी में भरी रेत की तरह जीवन आपकी पकड़ से निकल गया।

४७

बालपन भोले गया, और जुवा महमंत।
वृद्धपने आलस गयो, चला जरन्ते अंत।।

कबीर बताते हैं कि बचपन भोलेपन में निकल जाता है, जवानी विषय वासनाओं में तथा बुढ़ापा दुख और अकेलेपन में। जब ऐसा जीवन जीया जाता है तो मृत्यु उपरांत यही ख्याल आता है कि जीवन का क्या हुआ, कैसे हुआ।

कबीर चेता रहे हैं और कह रहे हैं कि बचपन भोलेपन में गुज़र जाता है और आप तब कुछ नहीं कर पाते क्योंकि उस अवस्था में आपका भोलापन दीवार समान होता है जो आपको सोचने-समझने नहीं देता। पर युवा हो जाने पर आपको सचेत रहना चाहिए और विषय वासनाओं में नहीं खो जाना चाहिए। अगर आप विषय वासनाओं में डूब गए तो कमजोरी और बीमारियों के रूप में बुढ़ापा बड़ा दुखदायक होगा क्योंकि भोग के अतिरेक का भुगतान बुढ़ापे में ही होता है। पर अगर युवावस्था सावधानी से बिताई जाए तो आप बुढ़ापे में भी कुछ योगदान कर सकते हैं। और तब मन में यह क्षोभ नहीं रहता कि जीवन व्यर्थ चला गया। तब फिर मृत्यु आती है तो आप निश्चिंतता से प्राण त्याग पाते हैं क्योंकि आपने अपना काम पूर्णता से किया। अगर ईश्वर है तो फिर जब उसको आप मिलोगे तो वह यही कहेगा, “बहुत खूब!”